PADRE RICCO PADR[illegible]

Questo volume è dedicato
a tutti i genitori
che per un figlio sono i maestri
più importanti del mondo.

Di Robert T. Kiyosaki presso le nostre edizioni:
Padre ricco padre povero con aggiornamenti per il XXI secolo
Padre ricco padre povero (audiolibro)
I quadranti del Cashflow
Guida agli investimenti
A scuola di business
Perché vogliamo che tu sia ricco (con D.J. Trump)
Prima di lasciare il tuo posto di lavoro
Guida per diventare ricchi
Aumenta il tuo QI finanziario
La cospirazione dei ricchi
Cashflow (gioco da tavolo)
Cashflow 202 (gioco da tavolo)
Fratello ricco, sorella ricca (con Emi Kiyosaki)
Ingiusto vantaggio
Il business del 21° secolo
Il tocco di Mida (con D.J. Trump)
Smetti di lavorare giovane e ricco
Come ci siamo liberati del debito cattivo (audiolibro)
Risveglia il genio finanziario di tuo figlio
Chi ha spostato il mio denaro?
Seconda chance
8 lezioni di leadership militare
Il grande libro del Real Estate
Perché i ricchi diventano più ricchi
Più importante del denaro
Fake
Chi ha rubato la mia pensione?

Seguici su:
Gribaudi Business & Self help
@GriBusiness
www.gribaudi.it

Piero Gribaudi Editore srl
Via C. Baroni, 190
20142 Milano
Tel. 02-89302244 – Fax 02-89302376
e-mail: info@gribaudi.it

Robert T. Kiyosaki

PADRE RICCO PADRE POVERO

Quello che i ricchi insegnano ai figli sul denaro

Gribaudi

20142 Milano – Via C. Baroni, 190

Titolo originale dell'opera:
Rich Dad Poor Dad

Traduzione di Daniele Ballarini

ISBN 978-88-7152-774-1

Prima edizione: settembre 2004
Prima ristampa: settembre 2005
Seconda ristampa: settembre 2006
Terza ristampa: aprile 2007
Quarta ristampa: ottobre 2007
Quinta ristampa: giugno 2008
Sesta ristampa: gennaio 2009
Settima ristampa: settembre 2009
Ottava ristampa: marzo 2010
Nona ristampa: settembre 2010
Decima ristampa: febbraio 2011
Undicesima ristampa: novembre 2011
Dodicesima ristampa: aprile 2012
Tredicesima ristampa: novembre 2012
Quattordicesima ristampa: giugno 2013
Quindicesima ristampa: novembre 2013
Sedicesima ristampa: maggio 2014
Diciassettesima ristampa: novembre 2014
Diciottesima ristampa: luglio 2015
Diciannovesima ristampa: febbraio 2016
Ventesima ristampa: agosto 2016
Ventunesima ristampa: dicembre 2016
Ventiduesima ristampa: maggio 2017
Ventitreesima ristampa: agosto 2017
Ventiquatresima ristampa: settembre 2017
Venticinquesima ristampa: ottobre 2017
Ventiseiesima ristampa: gennaio 2018
Ventottesima ristampa: ottobre 2018
Ventinovesima ristampa: marzo 2019
Trentesima ristampa: maggio 2019
Trentunesima ristampa: novembre 2019
Trentaduesima ristampa: febbraio 2020
Trentatreesima ristampa: giugno 2020
Trentaquattresima ristampa: novembre 2020
Trentacinquesima ristampa: febbraio 2021
Trentaseiesima ristampa: marzo 2021
Trentasettesima ristampa: luglio 2021

Fotocomposizione e stampa: Grafiche VD – Città di Castello (Pg)

INTRODUZIONE

C'è un bisogno

La scuola prepara gli alunni alla vita reale? «Studia molto e prendi buoni voti, poi troverai un lavoro ben pagato e ne avrai grandi benefici», solevano dirmi i miei genitori. Il loro obiettivo consisteva nel procurare, a me e mia sorella maggiore, la miglior istruzione scolastica sul mercato, così che, nella vita adulta, avremmo avuto ottime possibilità di successo. Nel 1976, laureandomi col massimo dei voti in Economia alla Florida State University, ho realizzato la loro aspirazione. Era il coronamento della loro vita. Poi, conformemente al "piano genitoriale", sono stata assunta da uno dei migliori studi di revisione dei conti, aspettandomi di iniziare una bella carriera prima di poter andare in pensione ancora giovane.

Michael, mio marito, ha seguito una strada analoga. Venivamo entrambi da famiglie di grandi lavoratori, con mezzi modesti ma dotati di granitica etica professionale. Anche lui si è laureato con dichiarazione di lode, e lo ha fatto per ben due volte: prima in ingegneria, poi in giurisprudenza. Lo hanno assunto subito in un prestigioso studio di avvocati a Washington, D.C., specializzati soprattutto in brevetti; il suo futuro sembrava roseo, la sua carriera già definita, con ottime prospettive di pensione.

Senonché, nonostante i vari successi professionali, la nostra carriera si è dimostrata diversa da come avevamo ipotizzato. Abbiamo cambiato diverse volte occupazione (sempre per giustificati motivi), ma non ci soddisfano i piani pensionistici. Il nostro fondo-pensione si sta rimpolpando solo grazie ai nostri contributi.

Io e Michael andiamo molto d'accordo e abbiamo tre figli meravigliosi. In questo momento, due risiedono all'università e un altro sta iniziando le scuole superiori. Abbiamo speso una fortuna per far sì che ricevessero la miglior istruzione possibile.

Una volta, nel 1996, uno di loro tornò a casa deluso dalla scuola. Era annoiato, stanco di studiare. «Perché dovrei sprecare tempo a studiare materie che non mi serviranno mai nella vita?» protestò.

Senza riflettere, risposi: «Perché se non prendi ottimi voti non puoi iscriverti all'università».

«Ma anche se non andrò all'università», replicò lui, «diventerò ricco lo stesso».

«Se non ti laureerai, non troverai un buon lavoro», esclamai con una punta di apprensione (e gran cuore di mamma). «E se non avrai un buon lavoro, come credi di arricchirti?»

Lui sorrideva sotto i baffi e scuoteva la testa con espressione annoiata. Ne avevamo parlato altre volte. Mio figlio soleva abbassare lo sguardo facendo ruotare gli occhi. Era di nuovo sordo ai miei consigli di madre apprensiva.

Sebbene sia assai determinato, lui è sempre stato un giovanotto educato e rispettoso.

«Mamma», esordiva. Adesso ero io a ricevere una lezione. «È ora che ti aggiorni! Guardati attorno; le persone di successo non si sono arricchite perché hanno studiato molto. Guarda Madonna e Michael Jordan. Perfino Bill Gates, che non è riuscito a laurearsi a Harvard, però ha fondato la Microsoft: adesso è l'uomo più ricco d'America e non ha nemmeno quarant'anni. C'è un lanciatore di baseball che guadagna più di 4 milioni di dollari all'anno pur essendo stato definito "mentalmente ritardato"».

Lungo silenzio. Mi stavo accorgendo di instillare in mio figlio i medesimi suggerimenti che mi avevano dato i miei genitori. Il mondo è cambiato, ma non i loro consigli.

Frequentare una buona scuola e meritarsi buoni voti non assicura più il successo: sembra non se ne sia accorto nessuno, tranne i nostri figli.

«Mamma», continuava lui, «non voglio lavorare tanto come te o il padre. Voi guadagnate bene; viviamo in una casa grande con un sacco di apparecchiature elettroniche. Seguendo i vostri consigli, finirò come voi a faticare sempre più solo per pagare le tasse e ritrovarmi indebitato. Non esiste più la sicurezza del posto, so tutto sulle ristrutturazioni aziendali e sulla forza-lavoro in esubero. So anche che oggi i laureati guadagnano meno di quando ti sei laureata tu. Guarda i medici: non sono più ricchi come una volta. Inoltre, oggi non si può fare affidamento sulla previdenza sociale o sulle pensioni di anzianità. C'è bisogno di altre soluzioni».

Aveva ragione. Aveva bisogno di altre soluzioni, come me, del resto. Forse i consigli dei miei genitori erano adatti per chi nasceva prima del 1945, ma possono rivelarsi disastrosi per chi nasce in questo mondo continuamente mutevole. Non posso dire più ai miei figli: «Andate a scuola, prendete buoni voti e cercatevi un lavoro sicuro, un posto fisso».

Mi rendevo conto di dover escogitare qualcosa di nuovo per l'istruzione dei miei figli.

In quanto madre, oltre che ragioniera, sono sempre stata preoccupata dalla carente preparazione finanziaria che i nostri bambini ricevono a scuola. Oggi molti ragazzi possiedono una carta di credito ancor prima di finire le superiori, eppure non hanno mai seguito un corso di economia né d'investimento monetario, per non parlare di come si accumula l'interesse composto sulle carte di credito. In parole semplici, senza alfabetizzazione economico-finanziaria, essi non sono pronti ad affrontare il mondo che li aspetta, un mondo in cui si privilegia la spesa rispetto al risparmio.

Quando il mio figlio maggiore, da matricola universitaria, si è disperatamente indebitato, l'ho aiutato non solo a estinguere le carte di credito, ma mi sono anche messa a cercare un programma di istruzione finanziaria da insegnare a tutti i miei figli.

L'anno scorso, un giorno, mio marito mi chiamò dal suo ufficio dicendomi: «Conosco una persona che dovresti incontrare. Si chiama Robert Kiyosaki. È un uomo d'affari, un investitore; è venuto da me per chiedere il brevetto su un programma educativo. Credo che sia quello che cercavi».

Proprio quello che cercavo

Mio marito Mike era talmente impressionato da *Cashflow*, il prodotto educativo inventato da Robert Kiyosaki, che si era dato da fare affinché partecipassi, insieme a lui, a una prova dimostrativa del prototipo. Trattandosi di un gioco istruttivo, invitai anche mia figlia diciannovenne, allora matricola alla locale università, che accettò di buon grado.

In tutto, eravamo quindici partecipanti suddivisi in tre gruppi.

Mike aveva ragione: era il programma educativo che stavo cercando per i nostri figli. Ciononostante, aveva una stranezza. Assomigliava a una gigantesca mappa del Monopoli con un topone ben vestito che campeggiava nel mezzo del percorso. A differenza di Monopoli, però, erano tracciati "due" percorsi: uno interno e l'altro esterno. L'obiettivo del gioco consisteva nell'uscire dal vicolo interno – ciò che Robert definiva la *Corsa del topo* – per innestarsi in quello esterno, detto *Corsia finanziaria veloce*. A suo avviso, quest'ultima simula il modo in cui, nella vita reale, si comportano i ricchi.

Poi Robert è passato a descriverci la *Corsa del topo*.

«Se analizzate la vita di una persona di media istruzione, che lavora molto, individuerete un percorso standard. Nasce un figlio, che poi va a scuola. Gli orgogliosi genitori sono contenti perché il loro bimbo eccelle, prende voti discreti, se non proprio buoni, e viene accettato all'università. Il ragazzo si laurea, magari si iscrive a un master, dopo di che agisce come previsto: cerca un buon lavoro, punta al posto fisso. Lo trova (come medico, avvocato, ecc.) e fa carriera, oppure si arruola nell'esercito o riesce a entrare nell'amministrazione pubblica. Di solito, comincia a guadagnare bene, gli arriva a casa un gran numero di carte di credito, per cui inizia anche a spendere con una certa profusione, se non lo ha già fatto.

«Avendo soldi da spendere, il ragazzo frequenta locali dove incontra altri suoi coetanei, dà loro appuntamento e poi, forse, si sposa. Per lui, la vita diventa meravigliosa, anche perché oggi lavorano sia gli uomini sia le donne. Avere due redditi in casa è una benedizione. La coppia si sente realizzata, il futuro è radioso, e allora decide di comprare una casa, un'auto e la televisione, di andare spesso in vacanza e di avere dei figli.

«Arriva un bel frugoletto. La necessità di contanti è enorme. La coppia felice decide che la carriera è una cosa troppo importante, perciò inizia a faticare di più, a chiedere promozioni e aumenti di paga. L'aumento viene concesso, ma poi arriva un altro erede, da cui la necessità di una casa più ampia. Allora, lavorano ancor più duro, diventano impiegati migliori, impegnandosi allo stremo. Tornano perfino sui banchi di scuola per ottimizzare le qualità professionali, sempre con lo scopo di spuntare uno stipendio maggiorato. Uno dei due potrebbe addirittura cercare un secondo lavoro. Il reddito famigliare sale ancora, ma cresce anche lo scaglione dell'imponibile fiscale, come la tassa immobiliare sulla casa (più grande) e quella per i servizi sociali, nonché tutte le altre imposte. Riscuotono una bella bustapaga, ma si chiedono dove spariscano tutti i soldi. Comprano fondi comuni d'investimento e generi alimentari con la carta di credito. I figli cominciano ad avere cinque o sei anni, perciò aumenta il bisogno di risparmiare per mandarli a scuola (fino all'università), oltre a quello di pensare alla pensione.

«La coppia felice, nata trentacinque anni fa, è ormai intrappolata nella *Corsa del topo* per il resto dei suoi giorni lavorativi. Lavorano per i proprietari dell'azienda in cui sono impiegati, per le tasse che mantengono lo Stato, per pagare le carte di credito ed estinguere il mutuo immobiliare contratto con la banca.

«Intanto, ammoniscono i figli a "studiare sodo, prendere ottimi voti e trovare un posto fisso". Non imparano niente sul denaro, ma molto su chi si approfitta della loro ingenuità, finendo per faticare come degli schiavi per tutta l'esistenza. Il processo si tramanda alla generazione seguente di "grandi lavoratori". Questa è la *Corsa del topo*».

L'unica maniera per sfuggire a questa trappola consiste nel dimostrare di essere bravi in ragioneria e negli investimenti, due delle materie più difficili che esistano. In qualità di contabile che ha lavorato per un'importante società di revisione dei conti, non potevo che essere sorpresa dal modo in cui Robert aveva reso divertente e interessante l'apprendimento delle due materie. Il processo istruttivo era abilmente messo in secondo piano, così che, mentre ci impegnavamo a uscire dalla *Corsa del topo*, non ci accorgevamo di imparare cose nuove.

Un test finanziario si trasformava rapidamente in un pomeriggio divertente insieme a mia figlia: parlavamo di cose che in precedenza non avevamo mai sfiorato. Per me, da brava commercialista, giocare al bilancio era piuttosto facile. Di conseguenza, avevo il tempo di aiutare mia figlia e gli altri giocatori del mio gruppo a capire i concetti che non afferravano. Quella volta, fui la prima (e l'unica dell'intero gruppo sottoposto alla prova) a sfuggire alla *Corsa del topo*. Ne fui fuori in cinquanta minuti, benché il tempo massimo fosse di quasi tre ore.

Tra i giocatori, c'erano anche un banchiere, un industriale e un programmatore elettronico. La cosa che mi stupiva, e mi irritava, era quanto poco ne sapessero di ragioneria e investimenti, materie tanto essenziali per la loro esistenza. Mi chiedevo come potessero gestire i loro affari nella vita reale. Passi per mia figlia diciannovenne, ma loro, adulti e istruiti, dovevano sapersela cavare.

Dopo aver risolto il mio problema, nelle due ore rimanenti osservai mia figlia e quelle persone, ricche e istruite, lanciare i dadi e muovere i loro segnapunti. Nonostante mi felicitassi del fatto che stessero tutti imparando tante cose, la loro ignoranza sulle nozioni fondamentali di contabilità e investimento mi sconcertava. Non capivano la relazione che esiste tra lo Stato patrimoniale e il conto Profitti e Perdite. Comprando e vendendo dei beni, facevano fatica a ricordare che ogni transazione poteva influire sul loro flusso di cassa mensile. E intanto mi chiedevo: quanti milioni di persone al mondo sono in difficoltà finanziarie solo perché non hanno mai ricevuto lezioni su tali materie?

Mi consolavo con il pensiero che si stavano divertendo ed erano distratti dal desiderio di vincere la partita. Alla fine della prova, Robert ci lasciò quindici minuti di tempo per commentare tra noi il gioco.

L'industriale vicino a me non era contento; la partita non gli era piaciuta. «Non ho bisogno di sapere queste cose», borbottava. «Io assumo ragionieri, banchieri e avvocati per queste faccende».

Allora, Robert gli disse: «Ha mai notato che ci sono un sacco di contabili poveri? Lo stesso vale per i banchieri, per gli avvocati, per gli agenti di cambio e immobiliari. Sanno molte cose; in genere, infatti, sono intelligenti, ma la maggioranza non è affatto ricca. I consigli li chiediamo a queste persone, ma nelle nostre scuole non si insegna ciò che sanno i ricchi. Un giorno, però, può capitarci di rimanere imbottigliati nel traffico mentre ci rechiamo al lavoro; allora, ci guardiamo a destra e vediamo il nostro commercialista bloccato sulla stessa strada. Volgiamo lo sguardo a sinistra e notiamo il nostro banchiere. Il fatto dovrebbe rivelarci qualcosa».

Anche il programmatore di computer non era rimasto particolarmente colpito dal gioco: «Ci sono dei programmi che ti insegnano queste cose», precisava.

Il banchiere, invece, era intrigato. «Ho studiato questi argomenti a scuola. Voglio dire, la parte contabile; ma non ho mai saputo come applicarli nella vita reale. Adesso lo so. Ho bisogno di imparare a uscire dalla *Corsa del topo*».

Tuttavia, a impressionarmi di più sono stati ovviamente i commenti di mia figlia: «Imparare è stato divertente», esclamava; «ho appreso molte cose sul modo in cui funziona il denaro e su come investirlo».

Poi aggiunse: «Ora so di poter scegliere una professione per il lavoro che voglio svolgere e non per puntare alla sicurezza occupazionale, a uno stipendio elevato coi benefici accessori. Se imparerò ciò che insegna questo gioco, sarò libera di fare quello che desidero dal profondo del cuore... anziché studiare qualcosa perché la nostra economia richiede certe abilità professionali. Se imparo questo, non dovrò preoccuparmi del posto fisso e della previdenza sociale come fanno i miei compagni di classe».

Alla fine della partita, non potei rimanere a parlare con Robert, ma concordammo di incontrarci di nuovo e approfondire la questione. Sapevo che voleva usare il suo programma per aiutare gli altri a diventare più saggi in senso finanziario, perciò ero ansiosa di venire a conoscenza di altri dettagli.

La settimana successiva, io e mio marito invitammo a cena Robert e sua moglie. Malgrado fosse il nostro primo incontro, sembrava che ci conoscessimo da anni.

Abbiamo scoperto di avere molte cose in comune. Coprivamo l'intera gamma degli argomenti: dagli sport, alle interazioni sociali, ai ristoranti frequentati, fino alle questioni economiche. Parlavamo del mondo in rapido cambiamento. Discutevamo a lungo del bassissimo risparmio per la pensione negli Stati Uniti, per tacere delle condizioni spaventose in cui versano la previdenza sociale e l'assistenza sanitaria nazionale.

La preoccupazione principale di Robert era il crescente divario tra abbienti e non abbienti in America e negli altri paesi del mondo. Da imprenditore autodidatta, fattosi da sé, e che aveva viaggiato in tutto il pianeta per creare investimenti lucrativi, Robert aveva potuto andare in pensione a quarantasette anni. Era però tornato a lavorare perché condivide la mia paura per le nuove generazioni. Sa che il mondo è cambiato, a differenza del sistema scolastico, che non si è affatto adeguato. A suo avviso, i nostri figli passano anni in un sistema educativo antiquato a studiare materie che non useranno mai, preparandosi per un mondo che non esiste più.

«Oggi il consiglio più pericoloso che puoi dare a un ragazzo è: "Va' a scuola, prendi voti alti e poi cercati un lavoro sicuro"», una frase che Robert ripete spesso. «È un consiglio vecchio, per di più sbagliato. Se tu vedessi ciò che sta accadendo in Asia, Europa e America meridionale, saresti preoccupata quanto me».

A suo parere, è un consiglio sbagliato «perché se vuoi che tuo figlio abbia un futuro finanziario sicuro, non è possibile giocare con le vecchie regole. Sono troppo pericolose».

Gli domandai cosa intendesse con "vecchie regole".

«La gente come me si attiene a una serie di regole diverse da quelle che segue la massa», precisò. «Cosa succede quando un'azienda annuncia una riduzione della forza-lavoro?»

«Si licenzia la gente», dissi. «Le famiglie sono in difficoltà. Sale la disoccupazione».

«Sì, ma cosa succede all'azienda, specie se è quotata sul mercato azionario?»

«Di solito, quando vengono annunciate le riduzioni, sale il prezzo delle azioni», dissi. «Il mercato è contento se un'azienda riduce i costi grazie all'automazione o per consolidamento della forza-lavoro».

«Esatto», continuava Robert. «E quando le azioni salgono, la gente come me, gli azionisti, si arricchisce. Ecco ciò che intendo con una diversa serie di regole. I dipendenti perdono; proprietari e investitori vincono».

Robert non ci stava spiegando soltanto la differenza tra dipendenti e imprenditori, ma anche quella tra controllare il proprio destino e delegare tale controllo a qualcun altro.

«Tuttavia, per molti è difficile capire perché ciò accade», sono intervenuta. «Ritengono che non sia giusto».

«Ecco perché non bisogna dire semplicemente a un ragazzo: "Procurati una buona istruzione"» proseguì Robert. «È sciocco presumere che l'istruzione garantita dal sistema scolastico prepari i nostri figli al mondo che dovranno affrontare dopo la laurea. Ognuno ha bisogno di maggiore istruzione. E diversa. I nostri figli devono conoscerne le regole. L'intera gamma di regole.

«Ci sono le regole monetarie a cui si attengono i ricchi e quelle che segue il 95% della popolazione. Quel 95% le impara in casa o a scuola. Ecco perché è pericoloso dire semplicemente a un figlio: "Applicati nello studio e cercati un lavoro". Oggi un ragazzo necessita di un'istruzione più sofisticata, ma l'attuale sistema non gliela dà. Non mi interessa sapere quanti calcolatori elettronici mettono in ciascuna classe o il budget a disposizione della scuola. Come può un sistema scolastico insegnare una materia che non conosce?»

Ma come può un genitore insegnare ai figli ciò che non fa la scuola? Come spiegare la contabilità a un bambino? Non si annoierà? E come insegnare l'arte di investire quando, come genitori, si è sempre contrari ai rischi? Invece di consigliare ai miei ragazzi di giocare sempre sul sicuro, decisi che era meglio insegnare loro a essere intelligenti.

«Allora, come insegneresti a un figlio la gestione monetaria e tutte le cose di cui abbiamo parlato?» domandai a Robert. «Come possiamo facilitare le cose ai genitori, specie se non le capiscono nemmeno loro?»

«Ho scritto un libro sull'argomento», replicò.

«Dov'è?»

«Nel mio computer. Vi giace da anni a pizzichi e bocconi. Ogni tanto aggiungo dei paragrafi, ma non sono mai riuscito a organizzarlo in maniera definitiva. Ho iniziato a scriverlo dopo che il precedente è diventato un bestseller, ma non l'ho mai finito. È frammentato in varie parti».

Effettivamente, era così. Dopo aver letto i paragrafi sparsi, mi sembrava che l'opera meritasse la divulgazione, specie in questi tempi mutevoli. Decisi di aiutare Robert nella redazione e composizione del libro.

Gli chiesi quante informazioni finanziarie riteneva avesse bisogno un ragazzo. Robert rispose che la cosa era soggettiva. Lui sapeva fin da piccolo di volersi arricchire ed è stato abbastanza fortunato da avere un padre ricco e desideroso di guidarlo. L'istruzione è il fondamento del successo, diceva Robert. Le abilità scolastiche sono importanti al pari di quelle finanziarie e quelle comunicative.

Ciò che segue è la storia dei due padri di Robert, uno ricco e l'altro povero, ma essa si sofferma anche sulle abilità da lui perfezionate nel corso del tempo. Io ho curato, organizzato e rivisto il libro. Avviso per i commercialisti che lo leggono: sospendete il giudizio, dimenticate le teorie accademiche e aprite la mente a quelle che vi presenta Robert. Anche se sfidano i princìpi fondamentali delle nozioni ragionieristiche, molte vi apriranno preziosi squarci sul modo in cui i veri investitori analizzano i fatti e prendono le loro decisioni.

Quando noi, come genitori, consigliamo ai nostri figli di "andare a scuola, applicarsi nello studio e trovare un buon lavoro", lo facciamo per abitudine culturale. È sempre stata la cosa giusta da fare. All'inizio, le idee di Robert mi allarmavano. Lui era stato allevato da due padri, che gli avevano insegnato a lottare per due obiettivi diversi. Il padre istruito gli consigliava di impiegarsi in un'azienda, quello ricco lo spronava a possedere un'azienda. Entrambi i percorsi professionali richiedevano una preliminare istruzione scolastica, ma le materie di studio sarebbero state diverse. Il padre istruito lo incoraggiava a essere intelligente, il padre ricco a sapere come assumere persone intelligenti.

Il fatto di avere due padri gli causò vari problemi. Quello vero era Provveditore agli studi nello Stato delle Hawaii. Quando Robert aveva sedici anni, la minaccia paterna: "Se non prendi ottimi voti, non troverai un buon lavoro" aveva scarsi effetti. Robert sapeva già che avrebbe finito per possedere delle aziende, e non per impiegarsi in una ditta, o più, per tutta la vita. In realtà, se non fosse stato per un saggio e tenace consulente scolastico, avrebbe lasciato la scuola alle superiori. Lo ammette lui stesso. Era già desideroso di aumentare i beni delle sue attività, ma poi decise che anche l'istruzione universitaria gli avrebbe dato dei vantaggi.

In effetti, forse le idee presentate in questo volume sono ancora troppo avanzate e radicali per la maggioranza dei genitori odierni. Alcuni fanno ancora fatica a mandare i figli a scuola. Tuttavia, alla luce di questi tempi mutevoli, in quanto genitori dobbiamo essere aperti alle idee audaci e innovative. Incoraggiare i figli a impiegarsi in un ufficio significa condannarli a pagare più della loro giusta quota di tasse per tutta la vita, con fosche prospettive per la pensione. E sappiamo bene che le tasse rappresentano la spesa principale di una persona. La maggior parte delle famiglie lavora da gennaio a metà maggio per lo Stato, cioè per pagare le varie imposte. Occorrono nuove idee, e questo libro ve le propone.

Robert sostiene che i ricchi consigliano altre cose ai loro figli. Impartiscono loro i primi insegnamenti in casa, attorno al tavolo. Forse le cose che leggerete non sono quelle di cui vi piace discutere con i vostri figli quando siete a tavola, ma vi ringrazio di averle guardate. Io suggerisco di fare attenzione. Secondo me, da mamma e commercialista, il concetto dei "buoni voti, che poi troverai un buon impiego" è stantio, decisamente obsoleto. Abbiamo bisogno di dare ai nostri ragazzi suggerimenti più sofisticati. Occorrono nuove idee, ci serve un'istruzione diversa. Forse dire loro di cercare un impiego e nel contempo di provare a possedere una società d'investimento finanziario non è una cattiva idea.

In quanto madre di famiglia, spero che questo libro aiuti tanti genitori. Da parte sua, Robert desidera informare che chiunque può arricchirsi se decide di farlo. Anche se oggi siete dei bidelli, dei giardinieri o perfino disoccupati, avete la possibilità di istruirvi, insegnando alle persone che amate a curare il loro benessere finanziario. Ricordate che la sagacia finanziaria è il processo mentale con cui risolviamo i nostri problemi di liquidità.

Al giorno d'oggi abbiamo di fronte cambiamenti globali e tecnologici superiori a quelli mai affrontati. Nessuno ha la sfera di cristallo, ma una cosa è certa: si preparano mutamenti che trascendono la nostra attuale realtà. Chi sa cosa c'è dietro l'angolo? Qualsiasi cosa accada, però, possiamo scegliere tra due opzioni basilari: giocare sul sicuro o essere intelligenti, preparandoci a istruirci, a risvegliare il nostro genio finanziario e quello dei nostri figli.

Sharon Lechter

CAPITOLO I

Padre ricco, padre povero

Ho avuto due padri, uno ricco e uno povero. Uno era notevolmente istruito e intelligente; aveva completato in due anni il ciclo universitario quadriennale e poi si era specializzato. In seguito, ha studiato alla Stanford University, alla University of Chicago e alla Northwestern University, progredendo nella sua materia sempre grazie a borse di studio e sovvenzioni. L'altro padre non ha mai finito le medie inferiori.

Entrambi hanno avuto successo nella loro professione, lavorando duramente per tutta la vita. Ambedue avevano redditi ragguardevoli. Eppure, uno ha avuto problemi finanziari per l'intera esistenza, l'altro è diventato uno degli uomini più ricchi delle Hawaii. Uno è morto lasciando in eredità decine di milioni di dollari, da dividere tra i famigliari, la chiesa e le organizzazioni di beneficenza. L'altro ha lasciato debiti da pagare.

Entrambi erano forti, carismatici e ascoltati. Mi davano consigli, che però differivano in modo sensibile. Credevano veramente nell'istruzione dei giovani, ma non mi hanno raccomandato lo stesso corso di studi.

Se avessi avuto un unico padre, avrei dovuto accettare o respingere i suoi suggerimenti. Avendone avuti due, mi è stata data la possibilità di scegliere tra punti di vista opposti: quello di una persona ricca e quello di un povero.

Anziché semplicemente accettare o rifiutare l'uno o l'altro, mi sono visto costretto a riflettere, a paragonare le due prospettive, a decidere in prima persona.

Il fatto è che l'uomo ricco non era ancora ricco e quello povero non era ancora tale. Entrambi si trovavano all'inizio della carriera e dovevano lottare con i soldi e per la famiglia.

Ma sostenevano concezioni molto diverse sulla questione del denaro.

Per esempio, uno di loro soleva dire: «L'amore per il denaro è alla radice di ogni male», mentre l'altro affermava: «La mancanza di soldi è la base di ogni male».

Non era facile per un ragazzo avere due padri dal carattere forte che cercavano di influenzarlo. Volevo essere un buon figlio, saper ascoltare, ma loro mi dicevano cose differenti. Tuttavia, la contrapposizione dei loro punti di vista, specie a proposito del denaro, era talmente netta che la questione cominciava a incuriosirmi, a interessarmi davvero. Mi ritrovavo a riflettere per lunghi periodi di tempo sui concetti che mi inculcavano.

In privato, mi chiedevo: «Perché dice questo?» e poi ponevo lo stesso interrogativo in relazione a una frase dell'altro padre. Sarebbe stato molto più facile dire: «Sì, ha ragione. Sono d'accordo con lui», oppure respingere una certa nozione dicendo: «Il vecchio non sa ciò di cui sta parlando». Per converso, avere due padri che amavo mi obbligava a riflettere e, alla fine, a scegliere il mio modo di vedere le cose. Nel lungo periodo, questo mio processo di decisione autonoma si è rivelato molto più prezioso del semplice rifiuto, o assenso, rispetto a un solo punto di vista.

Uno dei motivi per cui i ricchi diventano ancor più ricchi e i poveri più poveri, mentre il ceto medio continua a indebitarsi, dipende dal fatto che non si insegna la materia del denaro a scuola, ma a casa. La stragrande maggioranza della gente riceve i primi rudimenti finanziari dai genitori. Cosa può dire un genitore povero a suo figlio? Di solito, gli consiglia: «Non abbandonare la scuola e studia molto». Il ragazzo potrebbe anche laurearsi con ottimi voti, ma avrà sempre una mentalità economica da persona indigente, quella che ha appreso da piccolo.

A scuola non esiste una materia definita "denaro". I programmi scolastici vertono sull'erudizione personale e sulle abilità professionali, non sui concetti finanziari. Ciò spiega perché perfino banchieri, medici e ragionieri brillanti, con buoni voti scolastici, possano trascinarsi in difficoltà economiche per tutta la vita. Il nostro spaventoso debito nazionale è dovuto in gran parte all'opera di politici e funzionari governativi intelligenti e istruiti che assumono decisioni finanziarie senza aver mai seguito corsi di economia monetaria.

Spesso immagino come saranno i primi decenni del nuovo millennio e mi chiedo cosa succederà quando ci saranno milioni di persone bisognose di assistenza medica e finanziaria. Dipenderanno dalle loro famiglie o dallo Stato per la sussistenza. Cosa accadrà quando la previdenza sociale e l'assistenza sanitaria nazionale avranno dichiarato bancarotta? Come potrà sopravvivere un paese se l'insegnamento monetario dei figli sarà ancora demandato ai genitori, gran parte dei quali sarà, o è già, povera?

Dal momento che ho avuto due padri molto influenti, ho imparato da entrambi. Ho dovuto riflettere sui consigli di ciascuno e, così facendo, ho capito quali sono la forza e l'effetto dei pensieri sulla vita che si conduce. Per esempio, uno di loro era solito dirmi: «Non me lo posso permettere». L'altro mi proibiva addirittura di usare quella frase; preferiva che dicessi: «Come posso permettermelo?» Il primo formulava un'affermazione, il secondo insisteva affinché mi ponessi una domanda. Da una parte mi si lasciava nei guai, dall'altra mi si obbligava a meditare. Il padre che sarebbe presto diventato ricco mi spiegava che la frase "non me lo posso permettere" comporta l'automatica cessazione del funzionamento cerebrale. Con la domanda alternativa ("Come posso permettermelo?") si mette all'opera il cervello. Con ciò, non intendeva sostenere che potessi comprarmi tutto quello che volevo. Era solo un fanatico dell'esercizio della mente, il più potente computer che vi sia al mondo. «La mia mente si rafforza ogni giorno, perché la tengo in allenamento. Più diventa forte e più denaro posso accumulare», soleva dire. Secondo lui, ritenere meccanicamente di non "potersi permettere una cosa" equivaleva a dare segno di pigrizia mentale.

Sebbene entrambi lavorassero di gran lena, notavo che uno di loro, quando si trattava di denaro, aveva l'abitudine di smettere di far funzionare il cervello, mentre l'altro lo esercitava sempre. A lungo termine, ne conseguì che un padre si è rafforzato a livello finanziario e l'altro si è indebolito. Più o meno quello che succede a chi si reca regolarmente in palestra rispetto a chi preferisce restare sul divano del salotto a guardare la TV: una sana esercitazione fisica corrobora la salute. Del pari, un adeguato lavorìo mentale consolida le possibilità di arricchimento. La pigrizia danneggia la salute e la tasca.

I miei due padri adottavano atteggiamenti mentali contrapposti. Uno riteneva che i ricchi dovessero pagare più tasse affinché anche i meno fortunati avessero una buona assistenza sanitaria. L'altro ringhiava: «Le tasse puniscono chi produce e premiano chi non produce».

Un padre si raccomandava: «Studia molto, così troverai una buona azienda che vorrà assumerti». L'altro padre mi diceva: «Studia sodo, così potrai trovare un'ottima azienda da comprare».

Uno dichiarava: «Non sono ricco perché ho voi sulle spalle, figli miei», l'altro affermava: «Il motivo per cui devo essere ricco siete voi, cari figliuoli».

Il primo escludeva l'argomento del denaro e degli affari dalle discussioni serali attorno alla tavola, mentre mangiavamo, il secondo invece le incoraggiava.

Uno diceva: «Quando si tratta di soldi, fate attenzione, non rischiate»; l'altro proclamava: «Imparate a gestire il rischio».

Uno credeva fermamente che «la casa in cui viviamo è il nostro più grande investimento, il bene maggiore di cui disponiamo»; il secondo diceva: «La mia casa è un passivo; se la vostra casa è l'investimento maggiore che avete fatto, siete in un mare di guai».

Tutti e due pagavano tasse e bollette entro la scadenza, però uno le saldava come prima cosa, l'altro come ultima cosa.

Uno credeva che un'azienda, o lo Stato, si sarebbero presi cura di noi e dei nostri bisogni. Si interessava sempre agli aumenti di paga, ai piani pensionistici, agli accantonamenti per l'assistenza sanitaria, alle indennità per malattia, ai giorni di ferie e alle altre gratifiche accessorie. Era impressionato da due suoi zii che si erano arruolati nell'esercito e avevano potuto andare in pensione, con il pacchetto completo di diritti per tutta la vita, dopo appena vent'anni di servizio. Gli piaceva l'idea dell'assistenza sanitaria e dei privilegi dello spaccio militare che l'esercito estendeva ai suoi pensionati. Inoltre, apprezzava gli incarichi di ruolo del sistema universitario. A volte, l'idea dei benefici professionali e della protezione lavorativa per tutta l'esistenza sembrava più importante dell'occupazione in sé. Spesso mi diceva: «Ho lavorato duro per lo Stato e ho diritto a tutti questi privilegi».

L'altro credeva nella totale autonomia finanziaria. Inveiva contro la mentalità dei "diritti", specie perché essa stava creando individui deboli ed economicamente bisognosi. La sua simpatia era per la competenza finanziaria.

Un padre faticava a risparmiare qualche dollaro al mese, l'altro creava investimenti.

Uno mi insegnava a scrivere un curriculum vitae con tutti i crismi di modo che potessi trovare un buon lavoro. L'altro mi insegnava a redigere piani finanziari e commerciali così da creare nuovi posti di lavoro.

Essendo il prodotto di due forti mentalità paterne, ho avuto l'onore di osservare le conseguenze che produce sulla vita un modo di pensare tanto divergente. In realtà, le persone si creano un'esistenza che corrisponde a come la immaginano.

Per esempio, il padre povero mi ripeteva: «Non sarò mai ricco», e quella profezia si è avverata. Per contro, il padre ricco faceva sempre riferimento a se stesso come persona abbiente. Soleva dire: «Io sono ricco e chi è ricco non fa così». Perfino quando si ritrovò al verde a causa di una grave crisi finanziaria, continuava a considerarsi ricco. Si schermiva affermando: «C'è differenza tra essere poveri ed essere al verde: "povero" è per l'eternità, "al verde" è una situazione temporanea».

Il padre povero diceva anche: «I soldi non mi interessano», oppure: «I soldi non contano niente». Il padre ricco diceva sempre: «Il denaro è potere».

Il potere mentale è difficilmente misurabile ma, fin da ragazzo, sapevo quanto fosse importante prestare attenzione ai pensieri che nutrivo e alla maniera in cui li esprimevo. Mi rendevo conto che il padre era povero non a causa della quantità di denaro che guadagnava, che non era affatto trascurabile, ma a causa dei suoi pensieri e delle sue azioni. Da giovane, avendo due padri, mi sono accorto subito dell'importanza fondamentale dei pensieri da privilegiare. Chi avrei dovuto ascoltare: il padre ricco o quello povero?

Quantunque tenessero entrambi in gran considerazione la cultura e l'istruzione, i miei due punti di riferimento non concordavano su ciò che fosse essenziale imparare. Uno mi incitava ad applicarmi nello studio, a diplomarmi e laurearmi, che poi avrei rimediato un lavoro con un buon salario. Voleva che studiassi per diventare un professionista (avvocato, commercialista o dottore in scienze economiche). L'altro mi spronava a studiare per essere ricco, per capire come funziona il denaro e imparare a farlo lavorare per me. «Io non lavoro per i soldi!» era un frase che ribadiva in continuazione. «Sono i soldi a lavorare a per me!»

All'età di nove anni, decisi di ascoltare il padre ricco, di imparare da lui le questioni inerenti i soldi. Così, scelsi di non seguire i consigli del padre povero, benché fosse lui ad avere le lauree universitarie.

Una lezione da Robert Frost

Robert Frost è il mio poeta preferito. Mi piacciono quasi tutte le sue poesie, ma quella che prediligo in assoluto è "La strada non presa", da cui attingo un insegnamento che uso quotidianamente.

La strada non presa [1916]

Due strade divergevano in un giallo bosco
E, spiacente di non poterle percorrere entrambe,
Essendo uno solo, mi fermai a lungo
E ne guardai una lontano quanto potevo
Fin dove svoltava nel sottobosco.

Poi presi l'altra, altrettanto giusta,
E aveva forse un miglior richiamo,
Perché era erbosa e voleva esser percorsa;
Sebbene, per quello, il passaggio là
Le avesse in effetti segnate più o meno lo stesso,

Ed ambedue quella mattina allo stesso modo
Sulle foglie nessuna nera impronta mostrassero.
Oh! La prima lasciavo a un altro giorno!
Pur sapendo bene come strada porti a strada,
Dubitavo se mai sarei tornato indietro.

Io dovrò raccontar questo con un sospiro
Da qualche parte fra tanto tempo;
Divergevano due strade in un bosco, ed io –
Io presi la meno battuta,
E da questo ogni differenza è venuta.

E da questo ogni differenza è venuta.

Nel corso degli anni ho riflettuto sovente su questa poesia di Frost. Decidere di non ascoltare i consigli del mio istruitissimo padre e di non emulare il suo atteggiamento nei confronti del denaro, è stato difficile, ma tale decisione ha determinato il resto della mia vita.

Una volta stabilito di ascoltare l'altro padre, è iniziata la mia educazione finanziaria. Il mio padre ricco mi ha dato lezioni per più di trenta anni, fin quando ne avevo trentanove. Ha smesso di farlo non appena si è accorto che comprendevo bene quanto aveva cercato di farmi entrare nel cervello e devo ammettere che spesso ero duro di comprendonio.

Il denaro è una forma di potere. Ciononostante, ancor più potente è l'istruzione finanziaria. I soldi vanno e vengono, ma chi è istruito sulla loro gestione riesce a dominarli e può cominciare ad arricchirsi. La ragione per cui il pensiero positivo, da solo, non funziona, dipende dal fatto che molte persone sono andate a scuola ma non hanno mai appreso come agisce il denaro, sicché sprecano la vita a lavorare per i soldi.

Siccome all'inizio ero solo un bambino di nove anni, gli insegnamenti del padre ricco si limitavano ai primi rudimenti. In tutto, però, le lezioni principali erano sei e mi sono state ripetute per una trentina d'anni. Questo libro verte essenzialmente su di esse, spiegate nel modo più semplice possibile, come sono state esposte a me. Non contengono risposte definitive, ma piuttosto fungono da pietre miliari per assistere noi e i nostri figli nel tentativo di accumulare ricchezze in un mondo di crescente incertezza e mutevolezza.

CAPITOLO II
Prima lezione:

I ricchi non lavorano per i soldi

«Papà, sai dirmi come si fa a diventare ricchi?»

Mio padre appoggiò il giornale che stava leggendo. «Perché vuoi diventare ricco, figliolo?»

«Perché oggi la mamma di Jimmy è venuta a prenderlo con una Cadillac nuova; andavano nella loro casa al mare per il finesettimana e hanno invitato tre amici, ma non Mike ed io. Ci hanno detto che non ci invitavano perché eravamo "bambini poveri"».

«Hanno fatto così?» chiese incredulo mio padre.

«Sì, proprio così», confermai con tono offeso.

Lui scosse la testa in silenzio, si rimise gli occhiali sul naso e riprese a leggere il giornale. Rimasi in attesa di una risposta.

Correva il 1956 e avevo appena nove anni. Si dava stranamente il caso che frequentassi la stessa scuola pubblica dove i ricchi mandavano i loro figli. Allora, il nostro paesino viveva più che altro della piantagione di zucchero. I dirigenti della piantagione e le altre persone facoltose del luogo (medici, banchieri, commercianti e industriali) iscrivevano i loro rampolli in quella scuola elementare, dalla prima alla sesta. Dopo di che, quei fortunati ragazzini venivano solitamente mandati in una scuola privata. Siccome la mia famiglia viveva nello stesso quartiere, anch'io ho frequentato le elementari dei ricchi. Avessi abitato dall'altro lato della strada, sarei andato in un diverso edificio scolastico, quello dove c'erano bambini provenienti da famiglie simili alla mia. In seguito, sarei stato iscritto, insieme a questi ultimi, alle medie inferiori e poi alle superiori. Per me, e per loro, non c'erano scuole private.

Mio padre appoggiò di nuovo il benedetto giornale. Probabilmente aveva riflettuto.

«Beh, ragazzo mio», esordì lentamente, «se vuoi essere ricco, devi imparare a fare i soldi».

«Come si fa?» domandai.

«Usa la testa», mi disse con tono benevolo, che in realtà voleva dire: "È tutto ciò che posso spiegarti", o: "Non so la risposta, quindi non mettermi ancora in imbarazzo".

Creazione di una società

La mattina dopo riferii al mio amico Mike quello che mi aveva detto mio padre. Da quanto potevo capire, io e lui, nella scuola, eravamo gli unici bambini di famiglie non abbienti. Non eravamo poveri in senso assoluto, ma ci sentivamo tali perché tutti gli altri ragazzini possedevano guanti da baseball nuovi di zecca, biciclette fiammanti e tutto di marca.

I nostri genitori provvedevano ai bisogni essenziali, quali cibo, alloggio e vestiario. E basta. Mio Padre soleva dire: «Se ti serve qualcos'altro, devi lavorare per guadagnartelo». Volevamo un sacco di cose, ma per due bambini della nostra età non c'era molto lavoro disponibile.

«Allora, che si fa per tirar su un po' di soldi?» chiedeva Mike.

«Non so», gli rispondevo. «Vuoi essere mio socio?»

Lui era d'accordo, per cui quel sabato mattina diventò il mio primo socio d'affari. Passammo la giornata a escogitare idee per far soldi. Di tanto in tanto parlavamo dei "ragazzi fortunati" che si stavano divertendo con Jimmy nella casa al mare. Ci faceva un po' male, ma il dolore ci sarebbe servito perché ci ispirava ad arrovellarci su come diventare ricchi. Infine, nel tardo pomeriggio, dopo tanto spremere di meningi, un'intuizione, un lampo di genio. Era un'idea venuta a Mike dalla lettura di un libro di scienze. Eccitatissimi, ci stringemmo la mano: adesso la società aveva affari da sbrigare.

Nelle settimane seguenti, facevamo il giro del quartiere: bussavamo alla porta dei vicini chiedendo loro di conservare per noi il tubetto del dentifricio consumato. Seppur sconcertati, molti acconsentivano sorridendo benignamente. Alcuni ci domandavano cosa ne avremmo fatto, al che replicavamo: «Non possiamo dirlo. È un segreto d'affari».

Con il passare delle settimane, mia madre si inquietava sempre più. Avevamo scelto un angolo dietro la sua lavatrice come posto in cui ammucchiare la nostra materia prima. Una scatola di cartoncino marrone, ex contenitore delle confezioni di salsa piccante, cominciava a riempirsi di tubetti di dentifricio usati.

Infine, lei decise di imporsi. La vista dei tubetti, sporchi e accartocciati, le dava la nausea. «Che cosa state combinando, ragazzi?» ci chiese. «Forza, e non dite di nuovo che è un segreto d'affari. Pulite questa sporcizia o me ne occuperò io».

Noi la supplicavamo, le spiegavamo che ce ne mancavano pochi per iniziare la produzione. La informavamo che stavamo aspettando la coppia tal dei tali: in breve, avrebbero finito il loro tubetto, che avevano promesso di passarci. La mamma ci concesse una proroga di sette giorni.

La data per l'inizio della produzione si approssimava. Cresceva la pressione. La mia prima società si trovava già sotto minaccia di sfratto del magazzino, come deciso dalla mamma. Spettava a Mike insistere presso i vicini affinché usassero più dentifricio, tanto il loro dentista glielo diceva sempre che dovevano lavarsi i denti più spesso. Da parte mia, cominciavo ad assemblare la linea produttiva.

Un giorno, mio padre portò a casa un amico per vedere due ragazzini di nove anni che facevano girare a pieno regime una linea produttiva nel giardino. C'era della sottile polvere bianca sparsa ovunque. Su un lungo tavolino spiccavano buste di latte raccolte a scuola, mentre nel braciere per le grigliate ardeva la carbonella.

Mio padre si avvicinava piano, dovendo parcheggiare l'auto alla fine del giardino, visto che i nostri attrezzi bloccavano la tettoia. Insieme al suo amico, poteva scorgere un recipiente d'acciaio sui carboni accesi, con i tubetti di dentifricio che si scioglievano. Allora, il dentifricio veniva confezionato in tubetti di piombo, non di plastica. Di conseguenza, dopo aver bruciato la vernice, mettevamo i tubetti nel piccolo recipiente, li facevamo fondere fino allo stato liquido e, con le presine della mamma, versavamo il piombo nel buchetto in cima ai cartoni cubici del latte.

Questi erano ricolmi di gesso di Parigi. La polvere bianca nei dintorni era il gesso prima che lo mescolassimo con l'acqua. Nella fretta, avevo rovesciato il sacchetto del gesso e l'intero giardino sembrava una zona colpita da una bufera di neve. Le buste di latte vuote erano i contenitori per gli stampi in gesso di Parigi.

Mio padre e il suo amico ci guardavano versare con grande attenzione il piombo fuso nel piccolo buco in cima al cubo di gesso.

«Piano...» interveniva mio padre.

Annuivo senza levare lo sguardo.

Alla fine dell'operazione, appoggiai di nuovo il recipiente d'acciaio e sorrisi a mio padre.

«Cosa state combinando, ragazzi?» ci chiedeva lui con espressione incerta.

«Facciamo quello che mi hai detto di fare. Diventiamo ricchi», ho esclamato.

«Giusto!» confermò Mike sorridendo a trentadue denti. «Siamo soci».

«E cosa c'è in quegli stampini di gesso?» aggiunse mio padre.

«Aspetta», dissi. «Vedrai una bella infornata».

Con un martelletto colpii la guarnizione che divideva il cubo di cartone in due. Facendo attenzione, sollevai la metà superiore dello stampino e ne uscì un nichelino di piombo.

«Oh, santo cielo!» esclamò mio padre. «State fondendo i nichelini con il piombo!»

«Esatto», intervenne Mike. «Proprio come ha detto: facciamo i soldi».

L'amico di mio padre si piegò in due dal ridere; mio padre sorrideva e scuoteva la testa. Davanti a un fuocherello e una scatola di dentifrici usati, c'erano due ragazzini coperti di polvere bianca, contenti della loro marachella.

Ci chiese di abbandonare tutto e di andare a sedere con lui sul gradino della soglia di casa. Con espressione gentile, ci spiegò cosa significa la parola "falsificazione".

Misera fine dei nostri sogni. «Vuol dire che è illegale?» chiedeva Mike con voce tremante.

«Lasciali stare», interrompeva l'amico di mio padre. «Potrebbero anche sviluppare un talento naturale».

Mio padre lo incenerì con lo sguardo.

«Sì, è illegale», ci confermò. «Però, ragazzi miei, avete dimostrato grande creatività e originalità. Continuate così, sono orgoglioso di voi!»

Delusi, io e Mike rimanemmo in silenzio per una ventina di minuti prima di pulire il disordine che avevamo fatto. La nostra società era finita il giorno stesso dell'inizio della sua attività. Spazzando la polvere, guardavo Mike e dicevo: «Credo che Jimmy e i suoi amici abbiano ragione: siamo poveri».

In quel momento, mio padre, che se ne stava andando, si fermò e disse: «Ragazzi, siete poveri solo se rinunciate. La cosa più importante è che avete fatto qualcosa. La maggior parte della gente si limita a parlare, sognando di diventare ricca. Voi vi siete attivati. Sono molto fiero di voi due. Lo ripeto: continuate così, non lasciate nulla di intentato».

Io e il mio amichetto sedevamo in silenzio. Erano parole gentili, eppure non sapevamo cosa fare.

«Allora, come mai tu non sei ricco, padre?» gli chiesi.

«Perché ho deciso di essere un insegnante. I maestri di scuola non pensano alla ricchezza. Ci piace insegnare. Vorrei aiutarti, ma non so come ci si possa arricchire».

Continuavo l'opera di pulizia insieme a Mike.

«Se volete imparare ad arricchirvi», proseguiva il mio genitore, «non chiedetelo a me. Tu, Mike, potresti parlarne con il tuo padre».

«Mio padre?» chiese Mike con espressione incredula.

«Sì, tuo padre», replicò il mio con un sorriso. «Ci serviamo dello stesso banchiere, che lo stima molto. Mi ha detto un sacco di volte che, in fatto di denaro, è assai intelligente».

«Mio padre?» chiese Mike più incredulo di prima. «Allora perché non abbiamo una bella macchina e una bella casa come gli altri della scuola?»

«Avere una bella casa e un'auto di lusso non significa essere necessariamente ricchi o saper accumulare denaro», precisò mio padre. «Il padre di Jimmy lavora per la piantagione di zucchero. Non è molto diverso da me. Lavora per un'azienda, mentre io lavoro per lo Stato. L'azienda gli compra l'auto. Ma la piantagione di zucchero è in difficoltà finanziarie, per cui tra poco il padre di Jimmy potrebbe non avere nulla. Tuo padre, Mike, si trova in una situazione diversa. Sembra che stia costruendo un impero economico e suppongo che tra qualche anno sarà molto, molto ricco».

Al che, io e Mike ci risollevammo, riprendendo con rinnovato vigore a pulire il disordine causato dalla nostra defunta società. Nel frattempo, progettavamo come contattare il suo padre. Il problema era che quell'uomo lavorava parecchio; spesso tornava a casa solo a sera inoltrata. Era proprietario di alcuni magazzini, di un'impresa edile, di una catena di negozi e di tre ristoranti: ecco il motivo dei suoi rientri ad ora tarda.

Dopo aver riordinato, Mike prese l'autobus per tornare a casa. La sera stessa, avrebbe aspettato il padre e gli avrebbe chiesto di insegnarci a diventare ricchi. Mi aveva promesso di telefonarmi non appena ci fosse riuscito, anche a notte fonda.

Il telefono squillò alle 20.30.

«Va bene», conclusi. «D'accordo per sabato prossimo». Il padre di Mike aveva accettato un incontro.

Verso le 7.30 del sabato mattina presi l'autobus per recarmi nel quartiere povero della città.

Le lezioni cominciano:

«Vi pagherò dieci centesimi all'ora». Anche nel 1956, dieci centesimi erano una miseria come paga oraria.

Quella mattina incontrai alle 8 il padre di Mike, che era già occupato da più di un'ora. Il suo capomastro stava partendo con il camioncino proprio mentre varcavo l'ingresso della piccola abitazione, semplice e pulita. Mike mi aspettava sulla porta.

«Il padre è al telefono, mi ha detto di aspettarlo nel portico dietro casa», mi riferì subito.

Il pavimento in legno della fatiscente dimora scricchiolava sotto i miei piedi. Nell'ingresso c'era un modesto zerbino che occultava il logorìo del pavimento causato dagli anni. Benché questo fosse pulito, bisognava rifarlo.

Entrando nel salottino, mi venne quasi un senso di claustrofobia: era pieno zeppo di mobili antiquati, sovraccarichi di ninnoli che oggi farebbero la felicità dei collezionisti. Sul divano erano sedute due donne, entrambe leggermente più anziane di mia madre. Davanti a loro c'era un uomo in tuta da operaio, con calzoni larghi e camiciotto color sabbia, stirato ma non inamidato: teneva in mano un bel prontuario. Avrà avuto una decina d'anni più di mio padre, direi sui quarantacinque. Mentre io e Mike passavamo davanti a loro, ci sorridevano; poi arrivammo in cucina, che dava sul portico prospiciente il giardino sul retro della casa. Avevo risposto con timidezza alla loro accoglienza.

«Chi sono quelle persone?» chiesi al mio amico.

«Oh, lavorano per mio padre. L'uomo più grande gestisce i suoi magazzini, mentre le donne sono le direttrici dei ristoranti. Poi hai visto il capomastro, che adesso è impegnato in un progetto stradale a una cinquantina di miglia da qui. L'altro capomastro, che sovrintende alla costruzione di una schiera di case, se n'era andato prima del tuo arrivo».

«È tutte le mattine così?» domandai con stupore.

«Non sempre, ma spesso», commentò Mike, sorridendo mentre prendeva una sedia per mettersi di fianco a me.

«Gli ho chiesto se voleva insegnarci a fare i soldi», aggiunse.

«Bene, e cosa ha risposto?» esclamai con curiosità.

«In effetti, all'inizio ha fatto una faccia strana, poi ha deciso di farci un'offerta».

«Oh», dicevo dondolandomi sulla mia sedia: mi tenevo in equilibrio sulle due gambe posteriori appoggiandomi al muro.

Il mio amico faceva lo stesso.

«Conosci l'offerta?» aggiunsi.

«No, ma la scopriremo presto».

All'improvviso suo padre apparve davanti alla zanzariera traballante. Io e Mike ci alzammo, non per rispetto ma perché sorpresi da lui.

«Pronti, ragazzi?» ci chiese prendendo una sedia per mettersi più vicino. Annuimmo e scostammo le sedie dal muro per sistemarci davanti a lui.

Era un uomo corpulento, alto più di un metro e ottanta e pesava novanta chili. Mio padre era più alto, pesava lo stesso e aveva quasi cinque anni di più. Mi sembrava che si assomigliassero, anche se non di corporatura. Forse avevano in comune un certo tipo di energia.

«Mike dice che vuoi imparare a fare i soldi. È così, Robert?»

Benché un po' intimidito, accennai affermativamente con il capo. Dietro il suo sorriso e le sue parole gentili si sentiva che aveva forza, potere.

«D'accordo, ecco la mia offerta. Ve lo spiegherò, ma non come fanno a scuola. Se lavorerete per me, ve lo insegnerò, altrimenti non se ne fa nulla. Così, posso insegnarvelo più in fretta, mentre se vi limitaste ad ascoltare, come si fa in classe, mi fareste perdere tempo. Questa è la mia offerta: prendere o lasciare».

«Ehm... potrei farle una domanda prima?» chiesi.

«No. Prendere o lasciare. Ho troppo da fare e non posso sprecare tempo. Tanto, se non riuscite a decidervi subito, non imparerete mai ad arricchirvi. Le occasioni vanno e vengono. Saper capire quando assumere decisioni rapide è una qualità molto importante. Avete l'occasione che cercavate. Cominciano le lezioni, oppure finiscono tra dieci secondi», chiarì con un ghigno beffardo.

«Ok, accetto», dissi.

«Anch'io», esclamò Mike.

«Bene», concluse lui. «La signora Martin sarà qui tra dieci minuti. Dopo che avrò terminato con lei, vi porterà in macchina al mio piccolo supermercato, dove inizierete a lavorare. Vi pagherò dieci centesimi all'ora e sarete impegnati tre ore tutti i sabati».

«Ma oggi io ho la partita di baseball», protestai.

Lui abbassò il tono di voce: «Prendere o lasciare», era estremamente serio.

«Va bene», mi arresi, scegliendo di lavorare e imparare invece di giocare a softball.

Trenta centesimi dopo

Alle 9 di mattina di un bellissimo sabato io e il mio amico stavamo lavorando per la signora Martin, una donna paziente e molto cortese. Diceva sempre che noi due le ricordavamo i suoi figli, ormai adulti, che non abitavano più con lei. Sebbene fosse gentile, era una stacanovista e non ci consentiva di oziare. Era una sorvegliante severa. Passammo tre ore a prendere la merce dagli scaffali, usando un piumino per togliere la polvere dalle scatolette e rimetterle a posto. Un compito tremendamente noioso.

Il padre di Mike, da me definito "padre ricco", possedeva nove di questi piccoli supermercati con ampio parcheggio. Erano la prima versione dei moderni ipermercati. In pratica, negozi di generi alimentari di quartiere, dove si potevano acquistare articoli come latte, pane, burro e sigarette. Il problema è che, nelle Hawaii, questo succedeva prima dell'aria condizionata: a causa del gran caldo, i supermercati dovevano tenere spalancata la porta che dava sulla strada e quella sul retro, dove c'era il parcheggio per i clienti. Ogni volta che transitava una macchina o ne arrivava una nel parcheggio, si alzava un polverone che penetrava nel locale.

Il lavoro, per noi, era garantito fino all'installazione dell'impianto di aria condizionata.

Per tre settimane io e Mike ci recammo dalla signora Martin e spolverammo per tre ore di fila. A mezzogiorno staccavamo; dopo, lei ci metteva tre monetine da dieci centesimi in mano. Benché avessimo solo nove anni e si fosse nel 1956, avere trenta centesimi era deprimente. Allora i fumetti costavano dieci centesimi, per cui di solito spendevo la mia paga fermandomi dal giornalaio prima di tornare a casa.

Il mercoledì della quarta settimana ero già pronto a licenziarmi. Avevo accettato di lavorare con l'obiettivo di imparare dal padre di Mike a fare i soldi: invece, mi ritrovavo schiavo per dieci centesimi all'ora. Inoltre, non lo avevo rivisto dal primo sabato.

«Ne ho abbastanza», dissi a Mike all'ora di pranzo. La mensa scolastica era penosa; le lezioni in classe una barba infinita e, adesso, non avevo più nemmeno i sabati da aspettare con gioia. Ma la cosa che mi disturbava più di tutto erano i miseri trenta centesimi.

Quella volta fu Mike a sorridermi.

«Che c'è da ridere?» gli chiesi con rabbia e frustrazione.

«Mio padre me l'aveva detto che sarebbe accaduto. Ha proposto di rincontrarci quando saresti stato pronto a licenziarti».

«Che cosa?» esclamai con sdegno. «Si aspettava che mi sarei scocciato?»

«Più o meno», spiegò lui. «Mio padre è particolare. Insegna cose diverse da tuo padre. Ai tuoi genitori piace parlare e dare lezioni. Lui è più taciturno, non gli piace sprecare parole. Aspetta fino a sabato. Gli dirò che sei pronto».

«Vuoi dire che mi ha preso in giro?»

«No, non proprio, forse sì. Te lo spiegherà sabato prossimo».

Aspettando il sabato

Ero pronto ad affrontarlo, mi ero preparato. Perfino mio padre, quello vero, era arrabbiato con lui: colui che definisco "padre povero" riteneva che il padre di Mike (il nostro "padre ricco") avesse violato le leggi sul lavoro minorile e dovesse essere multato.

Mio padre, povero e istruito, mi incitava a pretendere ciò che meritavo: come minimo, venticinque centesimi all'ora. A suo avviso, se non avessi ottenuto un aumento, avrei dovuto licenziarmi subito.

«In ogni caso, non hai bisogno di fare quel dannato lavoro», diceva con atteggiamento da persona offesa.

Alle 8 del sabato successivo, varcavo di nuovo la stessa traballante porta a zanzariera della casa di Mike.

«Siediti e aspettami buono», disse lui accogliendomi. Si voltò subito, scomparendo nel piccolo ufficio di fianco a una camera da letto.

Mi guardai attorno nel salottino, ma non vedevo Mike. Un po' a disagio, mi sedetti con circospezione vicino alle due donne che, quattro settimane prima, si trovavano nello stesso posto. Mi sorridevano e si spostarono per farmi più spazio.

Trascorsero quarantacinque minuti ed ero furioso. Le due donne avevano già parlato con lui; se n'erano andate da mezz'ora. Era entrato un signore anziano, era rimasto nell'ufficio per una ventina di minuti e poi, uscendo, mi aveva salutato.

La casa era vuota, io ero seduto in un salotto scuro e ammuffito mentre fuori c'era un sole hawaiiano che spaccava le pietre. Dovevo aspettare i comodi di un taccagno che sfruttava i bambini. Lo sentivo rovistare in ufficio, parlare al telefono; intanto, mi ignorava. Ero pronto a uscire, ma per qualche motivo rimasi lì.

Infine, cinquanta minuti dopo, alle 9 in punto, il padre ricco si degnò di farsi vedere e, senza offrire giustificazioni, mi fece cenno con la mano di raggiungerlo nello squallido ufficetto.

«Credo di capire che tu voglia un aumento, altrimenti ti dimetterai», disse muovendosi sulla sedia girevole.

«Lei non mantiene i patti», mi sfogai quasi in lacrime. Era davvero temerario per un bambino di nove anni tener testa a un adulto smaliziato. «Ha detto che mi avrebbe insegnato se avessi lavorato per lei. Beh, ho lavorato per lei. Ho faticato duro. Ho perfino rinunciato alle mie partite di baseball per lavorare. Ma lei non mantiene le promesse; non mi ha insegnato niente. Lei è un imbroglione, come dicono tutti in città. È avaro. Vuole tutti i soldi e non si preoccupa dei suoi dipendenti. Mi fa attendere, non mi rispetta assolutamente. Sono solo un ragazzo, ma merito di essere trattato meglio».

Il padre ricco continuava a dondolarsi sulla sedia girevole, si era messo una mano al mento e mi fissava in modo strano, come se mi stesse studiando.

«Non male», disse. «In meno di un mese parli come uno dei miei impiegati».

«Che cosa?» chiesi. Non avendo compreso la sua allusione, proseguii le mie rimostranze. «Ritenevo che lei avrebbe mantenuto i patti, insegnandomi come promesso. Invece, cosa vuole fare, torturarmi? È crudele, da cattivi».

«Ti sto insegnando», disse lui con calma.

«Cosa mi ha insegnato? Niente!» sbottai con rabbia. «Non mi ha mai rivolto la parola da quando ho accettato di lavorare per quattro soldi. Dieci centesimi all'ora, puah! Dovrei fare la spia, denunciarla. Ci sono delle leggi sul lavoro minorile, lo sa? Mio padre lavora per lo Stato, lo sa?»

«Caspita!» reagì lui. «Adesso parli come la maggioranza della gente che non lavora più per me. Quelli che ho buttato fuori o che si sono licenziati».

«Allora, cosa mi dice?» continuai, sentendomi un eroe, almeno per la mia età. «Mi ha mentito. Ho lavorato per lei, ma lei ha infranto la promessa. Non mi ha insegnato nulla».

«Come fai a dire che non ti ho insegnato niente?» ribattè il padre ricco con calma.

«Ma se non mi ha nemmeno parlato... Ho faticato per tre settimane e non mi ha spiegato niente», esclamai tenendo il broncio.

«Perché? Insegnare significa forse parlare o tenere un discorso?», replicò.

«Sì, proprio così».

«Ma così ti insegnano a scuola», precisò ridendo. «Non è come insegna a fare la vita che, secondo me, è la miglior maestra. La vita reale non ti rivolge quasi mai la parola, più che altro ti pungola, ti sballotta. Ogni botta è la vita che dice: "Sveglia, c'è qualcosa che desidero insegnarti"».

«Ma cosa sta dicendo quest'uomo?» mi chiedevo dentro di me. «La vita che mi sballotta vuole parlarmi?» Ero più che mai sicuro di dovermi licenziare, di avere di fronte un pazzo scatenato che meritava di essere rinchiuso.

«Se imparerai le lezioni che ti dà la vita, te la caverai bene. In caso negativo, la vita continuerà a punzecchiarti. La gente si comporta in due modi: alcuni lasciano che l'esistenza li sballotti a lungo, altri reagiscono e le restituiscono i colpi. Ma li infliggono al loro capufficio, al lavoro o al coniuge. Non sanno che è sempre la vita ad agire».

Non avevo idea di cosa diavolo parlasse.

«La vita ci spinge tutti. Qualcuno rinuncia, qualcun altro combatte. Alcuni imparano la lezione e progrediscono; accettano che l'esistenza li spinga, che talora li colpisca. Questi pochi comprendono che hanno bisogno di imparare qualcosa. Si impegnano, imparano e fanno progressi. La maggior parte rinuncia, alza la bandiera bianca. Altri, come te, lottano».

Il padre ricco si era alzato per andare a chiudere la vecchia finestra di legno scricchiolante che aveva bisogno di essere riparata. «Se capisci questo insegnamento, diventerai un giovanotto saggio, ricco e felice. Altrimenti, passerai la vita a maledire la tua occupazione, il tuo salario da fame, il capufficio o caporeparto, incolpandoli per i tuoi problemi. Inoltre, spererai continuamente che ti capiti un'occasione fortunata con cui risolvere i problemi finanziari».

Mi guardava per vedere se lo ascoltassi ancora. Occhi negli occhi. Ci fissammo per un attimo, il flusso di comunicazione si trasmetteva attraverso gli sguardi. Mi sottrassi al contatto oculare dopo aver assimilato l'ultimo messaggio. Ero consapevole che aveva ragione. Gli avevo dato la colpa, pur avendo chiesto di imparare. Stavo lottando.

Lui continuò: «Vi è un'altra possibilità; potresti essere uno di quelli senza coraggio, gli individui che abbandonano il campo ogni volta che la vita li pungola. Se sei fatto così, vivrai sempre cercando di metterti al sicuro, di coprirti le spalle, di fare le cose giuste risparmiandoti per un evento che non accadrà mai. Alla fine, morirai vecchio e annoiato. Anche se avrai un sacco di amici fedeli che ripeteranno quanto sei stato onesto e lavoratore. Avrai vissuto un'esistenza tranquilla a eseguire le cose giuste. Ma la verità è che la vita ti avrà sottomesso. Nel profondo del cuore, rischiare ti terrorizzava. Avresti voluto vincere, ma la paura di perdere sarà stata maggiore dell'eccitazione che ti avrebbe dato la vittoria. Dentro di te, solo tu saprai che non ci hai nemmeno provato. Avevi deciso di giocare sul sicuro».

Nuovo contatto oculare. Ci squadrammo per una decina di secondi, distogliendo lo sguardo solo dopo la ricezione del messaggio.

«Lei mi ha sballottato?» chiesi.

«Qualcuno potrebbe dire anche tiranneggiato», disse sorridendo. «A me piace esprimermi così: ti ho fatto assaggiare la vita».

«Quale assaggio?» chiesi ancora arrabbiato, ma ormai più che incuriosito. Perfino disposto a imparare.

«Tu e mio figlio siete stati i primi in assoluto a domandarmi di insegnarvi a diventare ricchi. Ho più di centocinquanta dipendenti, ma nessuno mi ha chiesto di divulgare le mie conoscenze finanziarie. Mi chiedono un posto e la busta-paga, mai di insegnar loro quello che so sul modo in cui funziona il denaro. Di conseguenza, la maggior parte di queste persone passerà gli anni migliori dell'esistenza a lavorare per i soldi, senza comprendere ciò per cui lavorano davvero».

Sedevo e ascoltavo con grande attenzione.

«Perciò, quando Mike mi disse che volevi arricchirti, ho deciso di farvi prendere una direzione il più possibile vicina alla vita reale. Avrei potuto indottrinarvi fino a farmi scoppiare le vene del collo, ma le cose vi sarebbero entrare da un orecchio e uscite dall'altro. Quindi, ho deciso di farvi sballottare un po' dalla realtà, dopo di che mi avreste ascoltato. Ecco perché vi ho promesso solo dieci centesimi».

«E qual è la lezione appresa lavorando per dieci centesimi all'ora?» chiesi. «Che lei è avaro e sfrutta i suoi operai?»

Il padre ricco si appoggiò sullo schienale e si mise a ridere di cuore. Poi, dopo essersi calmato, spiegò: «Faresti meglio a cambiare il tuo punto di vista. Smettila di darmi la colpa, di credere che io sia il problema. Se ragioni così, devi cambiarmi. Se invece ti rendi conto che sei tu il problema, puoi cambiare te stesso, imparare qualcosa e diventare più saggio. Molti vogliono che siano tutti gli altri a cambiare, tranne se stessi. Lascia che te lo dica: è più facile cambiare se stessi che cambiare gli altri».

«Non capisco», dissi.

«Non incolparmi per i tuoi problemi», precisò lui con una certa impazienza.

«Ma se mi paga solo dieci centesimi...»

«Dunque, cos'hai imparato?» mi domandava con aria benevola.

«Che è uno spilorcio», dedussi con un ghigno.

«Vedi, tu pensi che il problema sia in me», replicò.

«Ma è così».

«Va bene, continua a tenerti questa convinzione e non imparerai niente. Tieni ancora questo atteggiamento, accusami: che scelte ti restano?»

«Se non mi retribuisce meglio, se non mostra maggior rispetto per me e non mi insegna nulla, me ne vado».

«Ben detto», arguì lui. «Proprio quello che fa la maggior parte della gente. Si licenzia per cercare un altro posto, un lavoro migliore, o meglio retribuito, ritenendo che la nuova professione o il salario incrementato risolvano il problema. Nella maggioranza dei casi, però, non lo risolvono».

«E allora, cosa lo risolve?» chiesi. «Accettare con compiacenza questi miseri dieci centesimi all'ora?»

Sorrideva di nuovo. «È quello che fanno altri. Accettano una busta-paga da sussistenza nella consapevolezza che loro e la loro famiglia dovranno sempre barcamenarsi con problemi finanziari. Ma non fanno altro, aspettano un aumento di stipendio nella convinzione che qualche dollaro in più risolverà il problema. Lo accettano, disposti anche a sgobbare in un secondo lavoro, per il quale riceveranno un'altra ricompensa da fame».

Fissavo il pavimento, cominciando a comprendere la lezione che il padre di Mike, il padre ricco, mi stava impartendo. Riuscivo a cogliere il primo assaggio di quella che è la realtà. Infine, ho rialzato la testa e ripetuto la domanda: «Dunque, cos'è che risolve il problema?»

«Questo», mi spiegò toccandomi delicatamente sulla tempia. «La cosa che sta tra un orecchio e l'altro».

Fu in quel momento che il padre ricco mi mise a parte della prospettiva essenzialmente diversa che lo distingueva dai suoi dipendenti e dal mio padre povero, il punto di vista che lo avrebbe aiutato a diventare una delle persone più facoltose delle Hawaii, mentre mio padre istruito, ma povero, avrebbe continuato a barcamenarsi tra difficoltà finanziarie per l'intera esistenza. Un'unica differenza prospettica era in grado di cambiare il destino di tutta una vita.

Il padre ricco non si stancava di ripetermi questo punto di vista, che posso descrivere come lezione numero 1.

"I poveri e il ceto medio lavorano per i soldi. I ricchi costringono i soldi a lavorare per loro"

Quel bel sabato mattina stavo imparando un punto di vista del tutto diverso da quello che mi aveva insegnato il padre povero. All'età di nove anni, mi resi conto che questi due padri volevano che imparassi. Mi incoraggiavano a studiare... ma non le identiche cose.

Il mio istruitissimo padre mi suggeriva di seguire le sue orme. «Figliolo, voglio che ti impegni nello studio, che tu prenda buoni voti, così potrai trovare un posto sicuro in una grande azienda». Il padre ricco voleva che apprendessi il funzionamento del denaro, affinché lo facessi lavorare a mio vantaggio. Queste lezioni le avrei imparate dalla realtà, sotto la sua guida, senza bisogno di frequentare la scuola.

Il padre ricco proseguì la prima lezione: «Sono contento che ti sei arrabbiato per i miseri dieci centesimi all'ora. Qualora non lo avessi fatto, accettandoli a cuor leggero, avrei dovuto dirti che non potevo insegnarti niente. Vedi, per un vero apprendimento occorrono energia, passione e un desiderio ardente. La rabbia è compresa nella formula, anzi, è un suo ingrediente basilare, perché la passione è un amalgama di amore e collera. Quando si tratta di soldi, molti vogliono giocare sul sicuro, tenere le spalle al coperto. Di conseguenza, non si fanno guidare dalla passione, ma dalla paura».

«È questa la ragione per cui accettano un lavoro pagato male?»

«Sì», assentiva. «Qualcuno sostiene che sfrutto la gente perché pago meno della piantagione di zucchero o dello Stato. Io ribatto che è la gente a sfruttarsi. È il loro timore, non il mio».

«Ma non ritiene di doverli stipendiare meglio?» chiesi.

«Non sono obbligato. E poi, un salario maggiore non risolverebbe il problema. Guarda tuo padre. Guadagna un sacco di soldi, ma non riesce lo stesso a pagare tasse e bollette. Molta gente, con più soldi, è capace di indebitarsi maggiormente».

«Ecco perché mi ha concesso solo dieci centesimi all'ora», dicevo comprensivo. «Faceva parte della lezione».

«Perfettamente», mi sorrise di rimando. «Vedi, tuo padre è andato a scuola e ha ricevuto un'ottima istruzione, tanto da poter esigere un lavoro ben pagato. Lo ha avuto. Eppure, si dibatte tuttora in problemi economici, perché a scuola non ha mai imparato niente sui soldi. Inoltre, lui crede nel lavoro come mezzo per arricchirsi».

«Lei no?»

«No, non proprio», mi bloccò subito. «Se vuoi imparare a lavorare per i soldi, continua pure a frequentare la scuola. È un posto eccezionale per farlo. Ma se vuoi imparare a far sì che il denaro lavori per te, ti insegnerò io come comportarti. Ma solo se lo vorrai».

«Perché? Non lo vogliono forse tutti?» ero stupito.

«No», puntualizzò. «Semplicemente perché è più facile apprendere a lavorare per i soldi, specie se, in relazione al denaro, il sentimento prevalente è la paura».

«Non ho capito», dissi aggrottando le sopracciglia.

«Per il momento non preoccuparti di questo. Ti basta sapere che è la paura a indurre molte persone a tenersi stretto un lavoro. La paura di non poter pagare le bollette, di essere licenziati, di non avere abbastanza soldi, di dover ricominciare da zero. Questo è il prezzo che paga chi apprende una professione e poi lavora per guadagnare. Così, molti diventano schiavi del denaro... e si arrabbiano con il loro capo».

«Imparare a far sì che il denaro lavori per me è un corso di studi completamente diverso?» chiesi allora.

«Assolutamente, totalmente diverso».

Rimanemmo in silenzio in quella luminosa mattina hawaiana. I miei amici stavano probabilmente iniziando in quell'istante la partita di softball del locale campionato per giovanissimi. Non so perché, ma ero contento di aver deciso di lavorare per dieci centesimi all'ora. Mi sembrava di poter imparare qualcosa che i miei amici non avrebbero mai appreso a scuola.

«Pronto a imparare?» chiese il padre ricco.

«Agli ordini», ribattei con un gran sorriso.

«Ho mantenuto la promessa. Ti ho insegnato nel senso più ampio del concetto», disse. «A nove anni hai avuto la prima dimostrazione di cosa voglia dire lavorare per i soldi. Moltiplica il tuo ultimo mese per cinquant'anni e ti farai un'idea di come passi la vita la maggior parte della gente».

«Non capisco», dissi.

«Come ti sei sentito a fare la fila per vedermi? Una volta per essere assunto e l'altra per chiedere più soldi?»

«Orribilmente», ammisi.

«Chi decide di lavorare per i soldi si sente così per sempre», ribattè. «E come ti sei sentito quando la signora Martin ti ha messo nel palmo tre monetine da dieci centesimi come retribuzione per tre ore di lavoro?»

«Mi sembrava che fosse poco; anzi, niente. Ero deluso», risposi.

«Così si sente gran parte degli operai e degli impiegati quando aprono la busta-paga, specie dopo aver dedotto le tasse e gli altri oneri. Se non altro, tu hai avuto il cento per cento».

«Vuol dire che i dipendenti non vengono pagati per intero?» domandai con stupore.

«Neanche per sogno!» si schermì il padre ricco. «Lo Stato trattiene sempre la sua parte in anticipo».

«E come fa?»

«Con le tasse», rispose. «Ci sono le imposte sul reddito, si è tassati sugli acquisti e anche sui risparmi. Perfino quando si muore».

«E perché la gente lo permette?»

«I ricchi non lo permettono», precisò lui con aria furbastra. «Sono i poveri e la classe media a consentirlo. Scommetto che io guadagno più di tuo padre, ma pago meno tasse di lui».

«Com'è possibile?» gli domandai. (Un ragazzino non può capirlo). «Perché si permette che lo Stato si comporti così?»

Il padre ricco taceva. Immagino preferisse che lo ascoltassi invece di parlare a vanvera.

Poi mi calmai. Non mi piaceva quello che avevo ascoltato. Sapevo che mio padre, quello vero, si lamentava incessantemente del sistema fiscale, anche se non faceva nulla per cambiarlo. Era la realtà che lo confodeva?

Il padre ricco continuava a dondolarsi lentamente sulla sedia: mi fissava e non parlava.

«Pronto a imparare?» riprese.

Annuii in silenzio.

«Come ti dicevo, c'è molto da fare. Imparare a far sì che i soldi lavorino a tuo vantaggio è la ricerca di tutta una vita. La gente va all'università per quattro anni, ma poi smette di istruirsi. Io so già che il mio apprendimento finanziario proseguirà per sempre, semplicemente perché più cose scopro e più mi accorgo di averne altre da capire. Un sacco di gente non studia mai questa materia: va a lavorare, ritira la busta-paga, controlla le spese e non si preoccupa d'altro. Il colmo è che si chiedono come mai hanno guai finanziari. Così, ritengono che avere più soldi li tirerà fuori dai guai. Pochi si rendono conto che il problema dipende dalla loro mancanza di istruzione finanziaria».

«Quindi mio padre si lamenta delle tasse perché non capisce come funzionano i soldi?» chiesi confuso.

«Ascolta», continuò il padre ricco. «Le tasse sono solo una piccola parte delle cose da sapere per costringere il denaro a lavorare per te. Oggi volevo solo scoprire se hai ancora voglia di imparare la finanza. Molta gente non ha questa passione: le basta andare a scuola, imparare una professione, divertirsi con il proprio lavoro e incassare una buona quantità di quattrini. Un giorno si sveglia accorgendosi di avere grossi problemi finanziari, ma non può smettere di lavorare. È il prezzo del saper lavorare solo per i soldi invece di aver studiato come il denaro può lavorare per noi. Allora, hai ancora voglia di imparare?» mi chiese.

Annuii di nuovo.

«Bene», disse. «Ora torna dalla Martin. Questa volta non ti darò niente come paga».

«Come?» ero più che mai sconcertato.

«Mi hai sentito bene. Niente. Lavorerai le stesse tre ore tutti i sabati, ma stavolta non riceverai i dieci centesimi all'ora. Hai affermato di voler imparare a non lavorare per i soldi, quindi non ti pagherò neanche un centesimo».

Non riuscivo a credere ai miei orecchi.

«Ne ho già parlato con Mike. Adesso, lui sta lavorando, spolvera e rimette in ordine gratuitamente le scatolette di cibo. Faresti meglio a raggiungerlo».

«Non è giusto!» gridai. «Lei mi deve dare qualcosa».

«Hai detto di voler imparare. Se non impari subito questa lezione, finirai per diventare come le due donne e l'uomo anziano che mi aspettavano in salotto, i quali lavorano per guadagnare sperando che non li licenzi. Oppure come tuo padre, che guadagna bene ma è indebitato fino al collo, e spera ancora che ricevendo di più risolverà i suoi problemi. Se vuoi questo, torniamo ai patti precedenti: ti do i dieci centesimi all'ora. Altrimenti puoi scegliere l'altra opzione, facendo quello che fanno tanti adulti: si lamentano che la paga è bassa, si licenziano e cercano un altro posto».

«Ma che cosa faccio?» ero disorientato.

Il padre ricco mi diede un colpetto sulla testa. «Usa questa», disse. «Se la usi bene, presto mi ringrazierai per averti dato un'opportunità e, da grande, diventerai ricco».

Me ne stavo impalato senza capire il trattamento ingiusto che mi veniva appioppato. Ero andato lì a chiedere un aumento e mi ritrovavo a dover faticare gratis.

Lui mi diede di nuovo un buffetto sul capo e ripetè: «Usa questa. Adesso fuori di qui e torna a lavorare».

LEZIONE n. 1: i ricchi non lavorano per i soldi

Non rivelai a mio padre che non mi pagavano. Non avrebbe capito e, d'altronde, non volevo spiegargli una cosa che io stesso non comprendevo appieno.

Per altre tre settimane io e Mike lavorammo tre ore, tutti i sabati, senza compenso. Il compito mi annoiava di meno, mi ero abituato alla routine. La cosa che mi dava fastidio era perdere le partite di baseball e non potermi comprare i fumetti.

Il padre ricco passò dal supermercato a mezzogiorno della terza settimana. Avevamo sentito arrivare il suo camioncino nel parcheggio: il motore faceva un rumore caratteristico. Entrò nel locale e salutò la Martin abbracciandola. Dopo essersi informato su come procedevano le cose, mise le mani nel frigorifero e prese due grossi gelati, pagandoli e facendo un cenno a noi due.

«Forza ragazzi, andiamo a fare una passeggiata».

Attraversammo la strada, evitando le auto di passaggio, e ci dirigemmo verso un campo verde dove alcuni adulti stavano giocando a baseball. Ci sedemmo lontani dal campo, attorno a un tavolino da picnic, con i due gelati che ci aveva regalato.

«Come va, ragazzi?»

«Benissimo», rispose Mike. Confermai anch'io.

«Imparato niente ancora?» chiese.

Io e Mike ci guardammo e poi, con una scrollata di spalle, facemmo cenno di no con la testa.

Schivare una delle trappole più grosse della vita

«Beh, ragazzi, è meglio che cominciate a far funzionare il cervello. Siete di fronte a una delle lezioni più grandi della vita: se l'assimilerete, condurrete un'esistenza caratterizzata da sicurezza e libertà. In caso negativo, finirete come la signora Martin e la maggior parte di quelli che stanno giocando a baseball in questo parco. Lavorano duro per pochi soldi, tenendosi l'illusione della sicurezza del posto, aspettando con ansia le tre settimane di ferie annuali e la magra pensione dopo quarantacinque anni di fatiche. Se la cosa vi eccita, vi concedo l'aumento, cioè vi do venticinque centesimi all'ora».

«Ma queste sono brave persone che lavorano seriamente. Le sta prendendo in giro?» intervenni.

Altro sorriso sulla sua faccia.

«Per me, la signora Martin è come una mamma: non sarei mai tanto cattivo con lei. Forse posso sembrare crudele perché voglio farvi entrare in zucca un punto fondamentale. Voglio che ampliate i vostri orizzonti, che adottiate una prospettiva diversa. Così, vedrete cose che molta gente non ha mai la possibilità di vedere a causa della prospettiva limitata. Molti non si accorgono di essere in trappola».

Io e Mike eravamo incerti se accettare il messaggio. Lui ci sembrava crudele, eppure sentivamo che voleva disperatamente farci capire qualcosa.

Ridacchiando proseguì: «Non vi sembrano buoni venticinque centesimi all'ora? Non vi fanno battere il cuore un po' più in fretta?»

Negai con la testa, ma dentro di me la pensavo diversamente. Per noi, venticinque centesimi erano una bella sommetta.

«Bene, vi riconosco un dollaro all'ora», si corresse con un sorriso furbo.

Il mio cuore andava a mille, la mia mente mi spingeva ad accettare, non riuscivo a credere a quello che sentivo. Tuttavia, me ne stavo zitto.

«Bene, due dollari all'ora».

Il mio cuoricino quasi mi esplodeva nel petto. In fondo, eravamo nel 1956 ed essere pagati due dollari all'ora mi avrebbe reso il ragazzino più ricco del mondo. Non riuscivo a concepire di poter guadagnare tanto. Volevo stare ai patti, accettare le nuove condizioni. Già immaginavo la bicicletta nuova, un nuovo guanto da baseball e lo stupore degli amici quando avrei fatto vedere loro il contante che avevo in tasca. Inoltre, Jimmy e i suoi amici non avrebbero più potuto prendermi in giro. Eppure, per qualche motivo la mia bocca non si apriva.

Forse mi si era riscaldato troppo il cervello, si era fusa una valvola. Nel fondo del cuore, però, volevo disperatamente quei due dollari all'ora.

Il gelato si era sciolto e mi stava colando sulla mano. Era rimasto solo il bastoncino, sotto cui giaceva una pozza di vaniglia e cioccolato appiccicosi, ove si addensavano le formiche. Il padre ricco stava osservando due ragazzini che lo fissavano con gli occhi spalancati e il cervello vuoto. Sapeva di averci messo alla prova e che, emotivamente, volevamo accettare le nuove condizioni. Sapeva che ogni essere umano ha una parte debole e bisognosa che può essere comprata. Ma anche che ciascuno di noi ha un'anima forte, decisa e incorruttibile. È solo questione di quale parte prevalga. Nella sua vita, lui aveva messo alla prova migliaia di persone. Lo aveva fatto ogni volta che aveva concesso un colloquio di assunzione.

«Va bene, cinque dollari all'ora».

Un improvviso silenzio dentro di me. Era cambiato qualcosa. L'offerta era spropositata, direi assurda. Nel 1956 pochi adulti potevano vantarsi di essere pagati meglio. La tentazione svaniva e si instaurava la calma. Mi voltai lentamente verso Mike, che si stava girando per guardarmi. La parte di me che era debole e bisognosa era ridotta al silenzio. La parte di me che non aveva prezzo aveva preso il sopravvento. C'era una calma e una certezza sul denaro che si erano imposte nel mio cervello e nella mia anima. Intuivo che anche Mike fosse arrivato a quel punto.

«Bene», disse il padre ricco con tono tranquillo. «Quasi tutti hanno un prezzo. E lo hanno a causa dei sentimenti umani che chiamiamo paura e avidità. In primo luogo, il timore di essere squattrinati ci motiva a lavorare duro; poi, riscossa la paga, l'avidità o il desiderio ci inducono a pensare alle cose acquistabili con i soldi. Così, si fissa un modello».

«Quale modello?» chiesi.

«Il modello che consiste nell'alzarsi dal letto, andare al lavoro, pagare le tasse, rialzarsi dal letto, andare al lavoro, pagare le bollette... In questo modo, la vita è dominata per sempre dalle due emozioni, paura e ingordigia. Pagateli meglio e perpetueranno il ciclo aumentando anche le loro spese. Questo è ciò che ho definito *Corsa del topo*».

«Esiste un'altra strada?» domandò Mike.

«Sì», replicò con calma il padre ricco. «Però, la imboccano solo poche persone».

«Quale?» chiese subito Mike.

«È quella che spero troverete voi, ragazzi, mentre lavorate e studiate con me. Ecco il motivo per cui vi ho tolto la paga».

«A cosa alludi?» domandò Mike. «Siamo stufi di lavorare duro, senza retribuzione».

«Beh, il primo passo è dire la verità», precisò il padre.

«Noi non abbiamo mentito», intervenni io.

«Non penso che abbiate mentito. Ho detto di dire la verità», ribattè lui.

«La verità su che cosa?» azzardai.

«Su come vi sentite», esclamò. «Non dovete dirla a nessuno. Solo a voi stessi».

«Vuol dire che le persone di questo parco, le persone che lavorano per lei e la signora Martin non lo fanno?» chiesi.

«Ne dubito», ipotizzò il padre ricco. «Sono convinto che provino la paura di essere senza soldi. Invece di affrontarla, reagiscono emotivamente, senza riflettere. Si fanno dominare dai sentimenti anziché usare la testa», diceva battendoci l'indice sulla tempia. «Poi, quando hanno qualche dollaro in mano si fanno dominare di nuovo dalle emozioni, stavolta di gioia, desiderio e avidità, reagendo ancora meccanicamente invece di usare il cervello».

«Perciò, le emozioni ragionano per loro», arguì Mike.

«Giusto», suffragava il padre ricco. «Anziché dirsi la verità sui sentimenti, reagiscono emotivamente, non riescono a ragionare. Provano paura, vanno a lavorare sperando che il denaro attenui la paura, ma non ce la fa. La vecchia paura li ossessiona, tornano a lavorare, sperando di nuovo che i soldi gliela facciano passare, ma non ce la fanno ancora. La paura li tiene intrappolati in questo ciclo di lavoro-guadagno-lavoro-guadagno-speranza che svanisca la paura. Invece, ogni giorno che si alzano dal letto, l'antico timore si risveglia in loro. La vecchia paura tiene svegli altri milioni di persone per tutta la notte con preoccupazioni e agitazioni infinite. Così, si alzano, vanno in ufficio o in fabbrica, sperando che la bustapaga cancelli la paura che rode loro l'anima. Il denaro domina le loro esistenze e loro rinnegano perfino questa verità. I soldi controllano le loro emozioni e di conseguenza anche la loro anima».

Poi tacque, lasciando che le sue parole facessero effetto. Io e Mike avevamo ascoltato bene, senza capire completamente ciò di cui stava parlando. Sapevo solo che mi ero chiesto spesso come mai gli adulti si affannassero per andare a lavorare.

Non pareva che fosse divertente, né loro avevano l'aria felice, eppure c'era qualcosa che li faceva affrettare per timbrare il cartellino.

Ritenendo che avessimo assimilato il più possibile le sue frasi, il padre ricco disse: «Ragazzi, voglio che evitiate quella trappola. Questo è ciò che voglio davvero insegnarvi. Non solo ad essere ricchi, perché esserlo non risolve il problema».

«Ah, no?» domandai sorpresissimo.

«No, non lo risolve. Lasciatemi finire con l'altra emozione, il desiderio. Qualcuno lo chiama avidità, ma io preferisco desiderio. È perfettamente normale desiderare qualcosa di meglio, di più grazioso, divertente o eccitante. La gente lavora per i soldi anche per soddisfare i desideri. Vogliono i soldi per le soddisfazioni che ritengono essi possano appagare. Ma la felicità comprata con il denaro ha vita breve, sicché ne hanno bisogno ancora per avere più piaceri, soddisfazioni, comodità, sicurezze. Quindi, continuano a lavorare, credendo che i soldi leniscano la loro anima preoccupata da paure e desideri. Ma non possono riuscirci».

«Nemmeno i ricchi?» inquisì Mike.

«Neppure loro», disse suo padre. «In realtà, molti ricchi sono tali non a causa del desiderio, ma della paura. Credono davvero che il denaro sia in grado di eliminare la paura di essere poveri, per cui si accingono ad accumularne il più possibile, scoprendo però che la paura si aggrava. Infatti, a quel punto temono di perderlo. Ho amici che continuano a lavorare pur essendo straricchi. Conosco dei milionari che hanno più timori oggi di quanti ne avevano da poveri in canna. Sono terrorizzati all'idea di rimanere senza soldi. Le paure che li hanno spinti ad arricchirsi sono peggiorate. La parte debole e bisognosa della loro anima si sta lamentando più di quanto faceva in passato. Non vogliono perdere le loro grandi ville, le loro auto lussuose, le comodità che hanno potuto permettersi. Inoltre, si preoccupano di quello che direbbero i loro amici se si riducessero sul lastrico. Molti sono diventati nevrotici, sono emotivamente alla frutta, anche se hanno le tasche sempre più piene».

«Allora è più felice un povero?» ne conclusi.

«No, non credo», aggiunse. «Evitare il denaro è altrettanto patologico dell'esservi troppo attaccato».

Quasi fosse stato chiamato, passò davanti al nostro tavolino il mendicante del paese; si fermò nei pressi del bidone dell'immondizia e cominciò a rovistarvi dentro. Noi tre lo guardavamo con grande interesse, mentre in precedenza lo avremmo probabilmente ignorato.

Il padre ricco si tolse un dollaro dal portafoglio e fece un segno all'uomo. Vedendo la banconota, questi si avvicinò immediatamente, la prese, ringraziò con deferenza e se ne andò contentissimo di possedere una piccola fortuna.

«Lui non è molto diverso dai miei impiegati», disse il padre ricco. «Ho conosciuto tante persone che affermano: "Non sono affatto interessato ai soldi". Però sono disposte a lavorare otto ore al giorno. Questo significa negare realtà e verità. Se non fossero interessati al denaro, perché lavorerebbero? Questo modo di ragionare è probabilmente più psicotico e patologico di quello di chi accumula denaro».

Mentre ascoltavo queste parole, mi veniva in mente la miriade di volte che avevo sentito mio padre dire: «Non sono interessato ai soldi». Lo ripeteva all'infinito; anzi, per giustificarsi aggiungeva spesso: «Lavoro perché mi piace il mio mestiere».

«Dunque, che si fa?» chiedevo. «Non si lavora per guadagnare finché sparisce ogni traccia di paura e ingordigia?»

«No, sarebbe una perdita di tempo», disse il padre ricco. «Le emozioni sono ciò che ci rende umani. E veri. Il termine "emozione" significa "energia in movimento". Siate fedeli alle vostre emozioni, usate cervello e sentimenti a vostro vantaggio, non contro voi stessi».

«Ehi!» echeggiò Mike.

«Non preoccupatevi di quello che ho appena detto. Lo comprenderete meglio nei prossimi anni. Limitatevi ad analizzare le vostre emozioni, a non reagire. Molti non sanno che sono i loro sentimenti a condizionare i pensieri che coltivano. Le vostre emozioni sono vostre, ma dovete imparare a ragionare con la testa».

«Può farmi un esempio?» domandai.

«Certo», continuò lui. «Quando un uomo dice: "Ho bisogno di trovare un lavoro", probabilmente sono i suoi sentimenti a parlare. È la paura di essere squattrinato a generare quel pensiero».

«Ma la gente ha bisogno di soldi per campare», protestai.

«Sicuro», sorrideva lui. «Ciò che voglio dire è che spesso è la paura a determinare il ragionamento».

«Non ho capito», intervenne Mike.

«Per esempio», completava lui, «se insorge la paura di non avere abbastanza soldi, invece di precipitarsi a trovare un lavoro per mettere assieme una certa somma, potrebbero porsi questa domanda: "A lungo termine, il posto che trovo è la soluzione migliore per i miei timori?» Secondo me, la risposta è negativa. Specie se il termine è così lungo quanto la vita di una persona. Un posto di lavoro è una soluzione a breve termine per un problema di lungo periodo».

«Ma mio padre ripete sempre: "Frequenta le lezioni, studia e prendi buoni voti, che poi troverai un posto fisso"» protestai perplesso.

«Sì, capisco che possa dirlo», precisò sorridendo. «Molti genitori danno questo consiglio, che in effetti sembra una buona idea. Ma lo danno soprattutto perché hanno paura».

«Vuol dire che mio padre si esprime così perché è un fifone?»

«Sì», diceva lui. «È terrorizzato dal fatto che potreste non essere capaci di guadagnare e inserirvi nella società. Non mi fraintendere. Lui ti vuole bene e desidera il meglio per te. Credo inoltre che la sua paura sia giustificata. L'istruzione e un lavoro sono cose importanti. Ma non eliminano la paura. Vedi, la paura che lo fa alzare alla mattina per racimolare qualche dollaro è la stessa che lo rende così fanatico per farvi frequentare la scuola».

«Di conseguenza, cosa ci suggerisce?» indagai.

«Voglio insegnarvi a padroneggiare il potere dei soldi. A non averne paura. È una cosa che non fa parte dei programmi scolastici. Se non la imparate, diventerete schiavi dei soldi».

Finalmente cominciavo a intravedere un senso. Il padre ricco voleva che ampliassimo le nostre vedute, che vedessimo ciò per cui erano ciechi la signora Martin, gli altri suoi impiegati, e anche mio padre, se è per questo. Adduceva esempi spietati e dolorosi, ma non li ho mai dimenticati. Quel giorno, allargai le mie prospettive, iniziando a scorgere il tranello in cui cadevano molte persone.

«Vedete, in fondo siamo tutti impiegati. Solo che lavoriamo su vari livelli», integrava il padre ricco. «Voglio darvi la possibilità di evitare la trappola, quella creata dalle emozioni di paura e desiderio. Usatele a vostro vantaggio, non contro di voi. Ecco quello che voglio farvi capire. Non mi interessa insegnarvi ad ammucchiare pile di banconote. Ciò non vi servirà per gestire i vostri timori e desideri. Se, diventando ricchi, non saprete padroneggiarli, sarete soltanto degli schiavi ben pagati».

«Allora, che si fa per evitare la trappola?» chiesi.

«La causa principale della povertà o dei guai finanziari sono la paura e l'ignoranza, non l'economia, lo Stato o i ricchi. Sono la paura e l'ignoranza accettate consapevolmente a tenere intrappolate le persone. Voi, ragazzi, continuerete ad andare a scuola e passerete tutti gli esami. Io vi insegnerò a stare lontani dai tranelli».

Così, poco alla volta mi balenavano le tessere del mosaico. Il mio istruitissimo padre aveva raggiunto l'eccellenza scolastica e fatto carriera, ma la scuola non gli aveva mai insegnato a gestire denaro e paure. Era chiaro che avrei potuto imparare cose diverse e importanti da questi due padri.

«Ci hai spiegato la paura di essere al verde. In che modo il desiderio dei soldi condiziona il nostro ragionamento?» intervenne Mike.

«Come vi siete sentiti quando vi ho tentato con l'aumento di paga? Avete notato la crescita del vostro desiderio?»

Annuimmo con il capo.

«Resistendo alle emozioni, siete stati capaci di rimandare le reazioni, di riflettere. Questo è molto importante. Avremo sempre emozioni di paura e avidità. Da questo momento, dovrete usarle a vostro beneficio, mettendole in prospettiva, evitando che i vari sentimenti vi guidino e controllino le vostre riflessioni. Molti adoperano le emozioni contro se stessi: così, iniziano a cedere all'ignoranza. Un sacco di gente passa l'esistenza ad aspettare la paga mensile, un aumento salariale e la sicurezza professionale a causa di paura e avidità, senza chiedersi mai dove la porteranno i pensieri condizionati da tali sentimenti. È come l'asino che tira il carretto perché il proprietario gli fa ballonzolare davanti al muso una carota. L'uomo può andare dove vuole, ma l'asino insegue un'illusione. Domani ci sarà solo un'altra carota per l'animale».

«Vuoi dire che quando immagino di avere caramelle, giocattoli e un guanto da baseball nuovo è come la carota del somaro?» domandò Mike.

«Sì. E più si invecchia più i giocattoli costano. Auto nuove, una barca e la villa per impressionare gli amici», precisava il padre ricco con un sorriso. «La paura vi spinge a uscire, il desiderio vi chiama. Vi alletta a superare le difficoltà. È la trappola».

«Allora, qual è la soluzione?» domandò Mike.

«Tutto quello che intensifica paura e desiderio è ignoranza. Ecco perché i ricchi sfondati hanno spesso tanti più timori quanto più si arricchiscono. Il denaro è la carota, l'illusione. Se potesse vedere il quadro totale, l'asino ritornerebbe sulla sua decisione di inseguire la carota».

Il padre ricco ci spiegò poi che la vita umana è una lotta tra ignoranza e illuminazione. Diceva che, non appena uno rinuncia a conoscere se stesso, prevale l'ignoranza. Questa lotta è una decisione che si presenta in ogni momento: imparare ad aprire o chiudere la mente.

«Attenzione: la scuola è molto, molto importante. Ci si va per imparare un'arte o una professione e offrire poi un contributo alla società. Ogni paese civile necessita di maestri, medici, meccanici, artisti, cuochi, uomini d'affari, poliziotti, pompieri, soldati. Le scuole ci preparano per far prosperare la nostra civiltà», diceva il padre ricco. «Purtroppo, molti ritengono che la scuola sia una fine e non l'inizio».

Seguì un lungo silenzio. Lui rideva sempre. Non capii tutto quello che ci disse quel giorno. Tuttavia, come capita con i grandi maestri, le cui frasi continuano a insegnare per anni, spesso anche dopo la loro morte, le sue parole mi accompagnano ancora oggi.

«Sono stato un po' crudele, oggi», proseguì. «Ma per un motivo preciso. Voglio che vi ricordiate sempre di questa conversazione. Voglio che pensiate sempre alla signora Martin e anche all'asino. Non scordateli mai, perché le vostre due emozioni, paura e desiderio, possono farvi cadere nel più grosso tranello della vita se non vi accorgete che vi controllano la mente. Sprecare l'esistenza nella paura, senza esplorare mai i propri sogni, è crudele. Anche lavorare come degli schiavi per i soldi, pensando che vi faranno comprare le cose che vi renderanno felici, è crudele. Svegliarsi di notte con il terrore delle bollette da pagare è una maniera orribile di vivere. Condurre un'esistenza dettata dalle dimensioni della bustapaga non è vera vita. Credere che un posto fisso ci farà sentire sicuri significa mentire a se stessi. Questo è altrettanto crudele, la trappola che, se possibile, voglio che evitiate. Ho visto come il denaro influenza la vita della gente. Non lasciate che ciò accada anche a voi. Per favore, non lasciatevi condizionare e guidare dai soldi».

Una palla da baseball stava rotolando sotto il nostro tavolino. Il padre ricco la prese e la rilanciò nel campo.

«Cos'ha l'ignoranza a che vedere con la paura e l'avidità?» domandai.

«È proprio l'ignoranza finanziaria a causare tanti timori e ingordigie», spiegò lui. «Vi faccio un esempio. Volendo più soldi per la famiglia, un medico rincara le sue parcelle. Così, rende l'assistenza sanitaria più costosa per tutti, ma danneggia soprattutto i poveri, che quindi avranno una salute precaria rispetto ai ricchi.

«Siccome altri medici rincarano le parcelle, si predispongono a farlo anche gli avvocati. Poiché lo fanno gli avvocati, i docenti chiedono un aumento, il che porta a tasse maggiori per tutti, e così via all'infinito. In breve tempo si creerà tra ricchi e poveri un divario talmente ampio che scoppierà il caos e ne conseguirà il crollo di un'altra civiltà. In passato, sono scomparse grandi civiltà quando la differenza tra ceti abbienti e ceti indigenti raggiungeva livelli insostenibili. L'America segue questa falsariga, dimostrando di nuovo che la storia si ripete, proprio perché non ne abbiamo compreso l'insegnamento. Memorizziamo solo date e nomi storici, ma non impariamo la lezione».

«I prezzi non dovrebbero mai salire?» interloquii.

«Non in una società istruita con lo Stato che sa fare il suo mestiere. In realtà, i prezzi dovrebbero scendere. Ovviamente, ciò è vero solo in teoria. I prezzi aumentano a causa di paura e avidità causate dall'ignoranza. Se nelle scuole si insegnasse come funziona il denaro, circolerebbero più soldi e calerebbero i prezzi; per contro, nelle scuole si insegna solo a lavorare per i soldi, non a sfruttare il loro potere».

«Non ci sono forse istituti commerciali?» fece notare Mike. «E non mi incoraggi sempre a iscrivermi alla facoltà di Economia quando sarò grande?»

«Sì», disse suo padre. «Ma troppo spesso gli istituti commerciali preparano ragionieri contafagioli. Dio ci scampi dai contafagioli che gestiscono un'impresa. Tutto quello che fanno è guardare i numeri, licenziare la gente e chiudere le aziende. Lo so perché io stesso devo assumerli. Si limitano a pensare al taglio dei costi e all'aumento dei prezzi, la qual cosa crea ulteriori problemi. La ragioneria è importante. Vorrei che la conoscessero più persone, ma anch'essa non dà il quadro totale», aggiungeva con una certa irritazione.

«Ed esiste una soluzione?» chiese Mike.

«Sì, imparare a usare le emozioni per pensare, non a pensare spinti dall'emotività. Quando voi due avete tenuto a freno i vostri sentimenti, accettando di lavorare senza compenso, sapevo che c'era speranza. Quando avete resistito all'emotività mentre vi tentavo offrendovi una bellissima paga, stavate imparando a riflettere a dispetto del disagio emotivo. Quello era il primo passo».

«Perché è tanto importante questa fase?» chiesi.

«Spetta a voi capirlo. Se volete apprendere, vi porterò nel roveto. Il posto che quasi tutti evitano. Vi porterò nel luogo dove la gente ha paura di entrare. Se verrete con me, dimenticherete l'idea di lavorare per i soldi e imparerete a farli lavorare per voi».

«E cosa otterremo se le prestiamo ascolto? Se accetteremo di imparare da lei? Cosa ricaveremo?» domandai.

«La stessa cosa che ha avuto il Fratel Coniglietto», disse il padre ricco. «Libertà dal Bambino Incatramato»[1].

«E c'è un roveto?» chiesi.

«Sì», confermò. «Sono le nostre paure e avidità. La via d'uscita consiste nell'affrontare timori, avidità, debolezze e necessità. E quella via passa attraverso il cervello, o la scelta dei pensieri».

«Perché? Possiamo scegliere che pensieri avere?» domandai sbalordito.

«Sì, possiamo decidere cosa pensare anziché reagire alle nostre emozioni. Invece di alzarci per andare a lavorare e risolvere così i nostri guai, solo perché ci terrorizza la paura di non avere abbastanza soldi per saldare bollette e debiti. Per pensare basta porsi una domanda, per esempio: "Lavorare ancora più duro di quanto faccio è la soluzione migliore del problema?" Molti sono talmente spaventati dalla verità, cioè che sono dominati dalla paura, da non riuscire a riflettere e decidono perciò di precipitarsi al lavoro. Comanda il Bambino Incatramato. Ecco cosa intendo per scegliere i pensieri».

[1] L'autore fa riferimento a un film della Disney uscito nel 1946, *Song of the Sonth* (I racconti dello zio Tom), all'interno del quale si trova la storia *The Briar Patch* (Il roveto) in cui vi sono due personaggi chiamati *Brer Rabbit* (Fratel Coniglietto) e *Tar Baby* (Bambino Incatramato) (N.d.T.).

«E come facciamo?» intervenne Mike.

«Ve lo insegnerò io. Vi spiegherò come avere una serie di pensieri tra cui scegliere, anziché reagire meccanicamente, come quelli che ingurgitano il caffè in fretta e scappano di casa per recarsi al lavoro.

«Ricordate ciò che vi ho già detto: un posto di lavoro è una soluzione a breve termine per un problema di lungo periodo. Molti hanno un chiodo fisso in testa e non vedono più in là del loro naso: sono le bollette da pagare alla fine del mese, il Bambino Incatramato. I soldi condizionano la loro vita o, per meglio dire, la paura e l'ignoranza sui soldi. Pertanto, si comportano come facevano i loro genitori: ogni mattina si alzano e vanno a lavorare per un salario. Non hanno neppure il tempo di chiedersi: "C'è un'altra possibilità?" Sono le loro emozioni a controllare la loro mente, non è questa a formulare i pensieri».

«Puoi spiegarmi la differenza tra le emozioni che pensano e la mente riflessiva?» chiese Mike.

«Nessun problema, la vedo tutti i giorni», chiarì lui. «Sento cose del genere: "Beh, tutti devono lavorare"; "I ricchi sono dei truffatori"; "Mi trovo un altro posto. Merito l'aumento. Non mi può trattare così male"; "Questo lavoro mi piace perché è sicuro". Invece dovrebbero chiedersi: "C'è qualcosa che mi sfugge?" soffocando l'emotività e prendendo tempo per pensare con chiarezza mentale».

Devo ammettere che è stata una grande lezione, specie distinguere se un individuo parla in base alle emozioni o dopo aver riflettuto bene. Un insegnamento di cui mi sono avvalso per l'intera esistenza. Soprattutto quando ero io a parlare e agire per reazione emotiva, senza chiarezza mentale.

Tornando verso il supermercato, il padre ricco ci spiegava che i ricchi "creano effettivamente i soldi", non lavorano per guadagnare. Ci diceva che, quando io e suo figlio avevamo forgiato monetine di piombo da cinque centesimi, pensando di arricchirci, eravamo molto vicini al modo di pensare dei ricchi. Il problema è che era illegale fare così. Lo Stato e le banche possono comportarsi in quel modo, per loro è lecito, ma non per noi. Ci spiegò che esistono maniere legali e illegali di produrre ricchezza finanziaria.

Continuò la lezione precisando che i ricchi sanno che la moneta è un'illusione, come la carota dell'asino. Solo la paura e l'avidità perpetuano l'illusione secondo cui il denaro è reale (ne soffrono milioni di persone). Esso invece è una convenzione. Soltanto l'illusione, la sicumera e l'ignoranza delle masse tengono in piedi questo castello di carta. «In realtà», diceva il padre ricco, «per numerosi aspetti la carota dell'asino è molto più preziosa dei soldi».

Ci parlava della parità aurea della nostra moneta, dicendo che ogni dollaro equivaleva a un certificato d'argento. Ciò che lo preoccupava erano le voci secondo cui un giorno sarebbe stata abolita la parità aurea e i dollari non sarebbero più stati certificati d'argento.

«Se accadrà, ragazzi, sarà come se si scatenassero le fiamme dell'inferno. I poveri, il ceto medio e gli ignoranti avranno la vita rovinata solo perché continueranno a credere che i soldi sono reali e che lo Stato, o la ditta per cui lavorano, coprirà loro le spalle».

Questo non l'abbiamo capito bene, se non altro allora, ma con il passare del tempo ci è apparso sempre più sensato.

Vedere quello che sfugge agli altri

Montando sul suo camioncino parcheggiato davanti al supermercato, il padre ricco ci salutò dicendo: «Continuate a lavorare, ragazzi, ma prima dimenticherete di aver bisogno di una bustapaga e più facile sarà la vostra vita adulta. Usate sempre il cervello, lavorate gratis e non ci metterete molto a trovare mille maniere di far molti più soldi di quelli con cui potrei retribuirvi io. Vedrete cose che gli altri non scorgono mai, le occasioni che hanno davanti al naso. Molti se le lasciano sfuggire perché cercano denaro e sicurezza, finendo per ottenere solo questo.

Nel momento in cui capirete che esiste un'opportunità, vedrete le occasioni favorevoli per il resto della vita. Allora, vi insegnerò qualcos'altro. Se assimilerete questa lezione, eviterete le trappole più grosse dell'esistenza umana. Mai, assolutamente mai, sarete costretti a toccare il Bambino Incatramato».

Io e Mike prendemmo le nostre cose nel supermercato salutando la signora Martin. Tornammo nel parco, sulla stessa panchina del tavolino, trascorrendo ore a pensare e chiacchierare.

La settimana seguente, a scuola, ci pensammo e ne parlammo. Per altre due settimane abbiamo continuato a discutere, riflettere e lavorare gratuitamente.

Alla fine del secondo sabato, salutavo di nuovo la Martin guardando con espressione smaniosa il chiosco dei giornali all'interno del supermercato. La cosa più dura del non ricevere la paga era non poter comprare i fumetti. All'improvviso, mentre la signora ci salutava, mi accorsi che faceva qualcosa che non avevo mai notato in precedenza. Anzi, l'avevo vista ma non ci avevo fatto caso.

La Martin stava tagliando a metà la copertina del fumetto; tratteneva la parte superiore della copertina e gettava il resto del fumetto, cioè tutto, in un grande scatolone marrone. Le chiesi cosa stesse facendo e lei rispose: «Li butto via. Consegnerò la parte superiore della copertina al distributore di fumetti come resa a credito quando mi porterà il nuovo numero. Arriva tra un'ora».

Aspettai insieme al mio amico. Arrivato il distributore, gli domandai se potevamo avere i fumetti. Lui disse: «Posso darveli solo se lavorate per il supermercato e non li rivendete».

Era nuova linfa per la nostra società. La madre di Mike aveva in cantina un locale vuoto che nessuno usava. Lo ripulimmo, iniziando a riempirlo con centinaia di giornalini. Dopo di che, aprimmo al pubblico la nostra biblioteca di fumetti. Delegammo alla sorellina di Mike (un'appassionata di libri) la mansione di bibliotecaria: doveva far pagare a ogni bambino dieci centesimi per accedere al locale, che rimaneva aperto dalle 14.30 alle 16.30 nei giorni feriali. I clienti erano i bambini del quartiere che potevano leggere tutti i fumetti che volevano nelle due ore a disposizione. Per loro era un affare, poiché un giornalino costava appena dieci centesimi, senza tener conto che potevano anche leggerne cinque o sei.

La sorellina di Mike controllava i ragazzi all'uscita per assicurarsi che non prendessero a prestito niente. Teneva anche le registrazioni, segnando quanti bambini si presentavano ogni giorno, chi erano e i commenti che facevano. Nell'arco di tre mesi, io e il mio socio riscuotemmo mediamente nove dollari e cinquanta centesimi alla settimana. Pagavamo un dollaro alla settimana alla bibliotecaria, permettendole inoltre di leggere gratuitamente tutto quello che voleva, cosa che faceva di rado perché era sempre occupata a studiare.

Noi mantenemmo i patti lavorando al supermercato ogni sabato; poi andavamo a recuperare tutti i fumetti negli altri chioschi ed edicole. Rispettammo anche l'ordine del distributore di non rivenderli mai. Quando diventavano troppo usati e spiegazzati, li bruciavamo. Volevamo aprire una filiale, ma non abbiamo trovato mai nessuno dedito al lavoro quanto la sorella di Mike.

Ci rendemmo conto in età precoce di come sia difficile reperire personale affidabile.

Tre mesi dopo l'apertura, scoppiò una lite nella nostra biblioteca. Avevano attaccato briga alcuni ragazzacci di un altro quartiere che si erano intrufolati abusivamente. Il padre di Mike ci suggerì di cessare l'attività. Così, terminammo il prestito dei giornalini, licenziandoci anche dal lavoro nel supermercato. Comunque, il padre ricco era eccitato perché voleva insegnarci cose nuove. Era contento poiché avevamo appreso bene la prima lezione, ossia far sì che il denaro lavorasse per noi. Non essendo retribuiti per spolverare i barattoli, eravamo stati obbligati a usare la fantasia per individuare un'occasione lucrativa. Mettendo in piedi una nostra attività (la biblioteca dei fumetti), avevamo assunto il controllo delle nostre finanze, ci eravamo cioè resi indipendenti da un datore di lavoro. L'aspetto migliore era che la nostra attività ci procurava denaro, anche quando eravamo assenti fisicamente. Il denaro lavorava per noi.

Anziché retribuirci, il padre ricco ci aveva dato molto di più.

CAPITOLO III
Seconda lezione:

Perché insegnare l'abc finanziario?

Nel 1990 il mio miglior amico, Mike, rilevò le attività paterne, proseguendole e migliorandole. Lo vedo tuttora un paio di volte all'anno su un campo da golf. Lui e sua moglie sono più ricchi di quanto possiate immaginare. L'impero economico del padre ricco è in ottime mani e Mike sta preparando il figlio a sostituirlo, così come suo padre aveva preparato noi.

Nel 1994, all'età di quarantasette anni, quando mia moglie Kim ne aveva trentasette, andai in pensione. Il che non significa non lavorare. Per me e la mia consorte vuol dire che, eccezion fatta per imprevedibili cataclismi e catastrofi finanziarie, possiamo decidere di lavorare o meno, tanto la nostra ricchezza si accumula in modo automatico, rimanendo inattaccabile dall'inflazione. Immagino che ciò significhi essere liberi. I nostri beni sono numerosi e si moltiplicano da soli. È come piantare un albero: lo si inaffia per anni e, un bel giorno, non ha più bisogno di noi. Le sue radici si sono strutturate ben in profondità. Così, l'albero ci dà ombra e noi ne approfittiamo.

Mike ha scelto di gestire l'impero lasciatogli dal padre, io di andare in pensione.

Quando tengo conferenze a gruppi di persone, mi chiedono spesso cosa possano fare o quali siano i miei consigli: «Come faccio a iniziare?», «Che buon libro mi suggerisce di leggere?», «Cosa devo fare per istruire i miei figli?», «Qual è il segreto del successo?», «Come si fa a diventare milionari?», ecc. A me torna sempre in mente una certa lezione. Eccola.

I businessmen più ricchi del mondo

Nel 1923 alcuni fra i più grandi businessmen si incontrarono all'Edgewater Bridge Hotel di Chicago. Vi figuravano Charles Schwab, direttore della più grande acciaieria nazionale; Samuel Insull, presidente della più grande impresa pubblica del mondo; Howard Hopson, capo della più importante azienda del gas; Ivar Kreuger, presidente della International Match, allora una delle società più grandi del pianeta; Leon Fraser, presidente della Bank of International Settlements; Richard Whitney, presidente della Borsa di New York; Arthur Cotton e Jesse Livermore, due dei maggiori speculatori di borsa; Albert Fall, membro del Gabinetto del presidente Harding. Venticinque anni dopo, nove dei personaggi citati avevano fatto questa fine: Schwab morì sul lastrico dopo aver vissuto gli ultimi cinque anni mutuando denaro; Insull morì al verde in terra straniera; anche Kreuger e Cotton morirono in disgrazia finanziaria; Hopson impazzì; Whitney e Fall erano da poco usciti di prigione; Fraser e Livermore si erano suicidati.

Dubito che possiate immaginare cosa sia veramente accaduto loro. Pensando al periodo, viene subito in mente il crollo dei mercati finanziari del 1929, con la conseguente Grande Depressione, che presumo abbia prodotto un grande impatto sulla loro vita. Il punto è il seguente: oggi viviamo in un periodo caratterizzato da cambiamenti di gran lunga più rapidi e rilevanti di quelli in atto allora. Prevedo che nei prossimi venticinque anni ci saranno molte espansioni e crisi economiche paragonabili agli alti e bassi che dovettero affrontare i personaggi citati. La cosa che mi preoccupa è che molti pensano troppo ai soldi e non alla vera ricchezza principale: il loro grado di istruzione. Se si prepara a essere duttile, a tenere la mentalità aperta, la gente si arricchirà nonostante i cambiamenti. Se ritiene che il denaro risolverà i suoi problemi, temo che se la passerà piuttosto male. L'intelligenza risolve i problemi e produce denaro. I soldi senza intelligenza finanziaria fanno presto a dileguarsi del tutto.

Molti non riescono a capire che, nella vita, non conta quanto denaro si fa, ma quanto se ne mantiene. Tutti conosciamo storie di vincitori della lotteria che erano poveri, sono diventati ricchi e poi tornati poveri. Vincono tanti milioni ma, in breve tempo, si ritrovano là dove avevano cominciato. Oppure le storie di atleti professionisti che, all'età di ventiquattro anni, guadagnano milioni di dollari all'anno, mentre a trentaquattro vanno a dormire sotto i ponti. Sul giornale di stamattina, letto poco prima di mettermi a scrivere queste righe, appare la storia di un giovane cestista che dodici mesi fa era plurimilionario: sostiene che i suoi amici, l'avvocato e il commercialista gli hanno portato via tutto, sicché è costretto a lavorare in un autolavaggio per quattro soldi.

Ha appena ventinove anni. È stato licenziato dall'autolavaggio perché rifiutava di togliersi l'anello, simbolo del campionato vinto, mentre asciugava le macchine: ecco perché la sua storia è arrivata sul giornale. Protesta contro il licenziamento, si lamenta della discriminazione, afferma che l'anello è tutto ciò che gli resta. Sostiene che, se glielo tolgono, crollerà come persona.

Siamo nel 1997 e conosco un sacco di gente che diventa milionaria in un attimo. Siamo tornati ai ruggenti anni Venti. Nonostante sia contento che molti si arricchiscono così, posso solo avvertire che, alla lunga, non conta quanto denaro si incassa, ma quanto se ne è capaci di trattenere, e per quante generazioni lo si trattiene.

Perciò, quando i miei corsisti mi chiedono: «Da dove si comincia?» oppure: «Mi dica come devo fare per arricchirmi in fretta», la risposta che do li delude. Infatti, mi limito a riferire ciò che mi spiegava da piccolo il padre ricco: «Se vuoi davvero essere ricco, devi imparare l'ABC finanziario».

Mi ripeteva questo ritornello ogni volta che eravamo assieme, finché non me lo sono ficcato in testa. Come detto, il mio istruitissimo padre sottolineava l'importanza di leggere i libri, mentre il padre ricco metteva l'accento sul bisogno di alfabetizzarsi finanziariamente.

Se costruite un grattacielo, la prima cosa che dovete fare è scavare un buco profondo e gettare fondamenta solidissime. Se costruite una casa a un piano, basta gettare quindici centimetri di cemento armato. Nel loro tentativo di arricchirsi, molti cercano di costruire l'Empire State Building basandosi su quindici centimetri di cemento.

Il nostro sistema scolastico risale all'era agraria e crede ancora nelle case senza fondamenta: vanno ancora di moda i pavimenti sporchi. Così, i ragazzi si diplomano sprovvisti di basi finanziarie. Un giorno, insonni e indebitati fino al collo, nonché annebbiati dal Sogno americano, decidono che la risposta ai loro guai economici consiste nel trovare il modo di arricchirsi all'improvviso.

Inizia la costruzione del grattacielo. Cresce in fretta e, in breve, anziché l'Empire State Building abbiamo la torre pendente dei sobborghi. Tornano le notti insonni.

Per quanto riguarda me e Mike, nei nostri anni di vita adulta abbiamo potuto compiere le scelte cui accennavo perché ci era stato insegnato fin da piccoli a gettare fondamenta finanziarie molto resistenti.

Ora, va detto che la ragioneria è forse la materia più noiosa al mondo. Può anche essere la più difficile; però, se volete arricchirvi a lungo termine, si rivela la più importante. La domanda è: come insegnare una materia noiosa e difficile ai bambini? La risposta è: semplificarla. Insegnatela prima di tutto per immagini.

Il padre ricco diede a me e Mike solide fondamenta finanziarie. Aveva inventato un sistema didattico molto semplice per noi che eravamo appena ragazzini. Per anni ci fece vedere solo figure che ci spiegava adeguatamente. Io e Mike afferravamo i suoi disegni, il suo gergo, i movimenti di denaro e, negli anni successivi, lui cominciò ad aggiungerci i numeri. Oggi, Mike esegue analisi contabili molto più complesse e difficili perché è obbligato: deve gestire un impero che vale miliardi di dollari. Io non sono così sottile perché il mio impero è più limitato, eppure siamo stati formati dalle stesse semplici basi iniziali. Nelle pagine che seguono, vi esporrò i disegni lineari che il padre di Mike soleva presentarci nelle sue spiegazioni. Benché siano di facile comprensione, essi hanno permesso a due ragazzini di accumulare ingenti somme di denaro facendole poggiare su fondamenta solide e profonde.

Regola numero uno. Occorre saper distinguere tra attivi e passivi, e comprare i primi. Questo è tutto ciò che deve sapere chi vuole essere ricco, è la regola numero uno. L'unica. Può sembrare assurdo o troppo semplicistico, ma molti non si rendono conto di quanto essa sia radicale. Un sacco di gente naviga in grossi guai finanziari perché non capisce la differenza tra attivi e passivi.

«I ricchi acquistano attivi; i poveri e la classe media acquistano passivi ritenendo che siano attivi»: quando il padre ricco ci spiegò questa nozione, pensavamo che stesse scherzando. Eravamo lì, ormai adolescenti, in attesa di venir messi a parte del segreto dell'arricchimento personale, ed ecco la sua rivelazione. Era così semplice che abbiamo dovuto rifletterci sopra a lungo.

«Cos'è un attivo?» chiedeva Mike.

«Non preoccuparti per ora», diceva il padre ricco. «Lascia che l'idea si sedimenti. Se saprai afferrare questo semplice concetto, la tua vita seguirà un progetto definito e, in senso finanziario, filerà liscia. È semplice, ecco perché molti se lo lasciano sfuggire».

«Intende dire che ci è sufficiente sapere cosa siano gli attivi, acquistarli e poi diventeremo ricchi?» domandai.

Lui annuì: «È straordinariamente semplice».

«Se è così, come mai non sono tutti ricchi?» chiesi dubbioso.

Lui sorrideva. «Perché la gente non sa distinguere tra attivi e passivi».

Mi ricordo di aver domandato: «Com'è possibile che gli adulti siano tanto stupidi? Se è così semplice, e importante, perché non cercano di scoprirlo?»

Gli ci vollero pochi minuti per spiegarci cosa sono gli attivi e i passivi.

Da grande, faccio fatica a spiegarlo ad altri adulti. Perché? Perché essi sono più intelligenti. Spesso a loro sfugge la semplicità del concetto perché sono stati istruiti in un modo diverso, che privilegia le cose difficili. Infatti, sono stati istruiti da altri professionisti: banchieri, commercialisti, agenti finanziari, agenti immobiliari, ecc. La difficoltà consiste nel chiedere agli adulti di disimparare, di tornare bambini. Un adulto intelligente ritiene spesso che sia umiliante prestare attenzione a definizioni semplicistiche.

Il padre ricco credeva nel principio delle "idee rasoterra", a cui si atteneva per costruire la nostra educazione su basi solide.

Cos'è quindi che crea confusione? Come mai una cosa tanto semplice viene pasticciata in modo deleterio? Perché tanti comprano attivi che invece sono l'esatto contrario, cioè passivi? La risposta sta nell'istruzione di base.

Purtroppo, noi ci concentriamo sulla parola "alfabetismo", non sull'espressione "alfabetismo finanziario". Ciò che definisce una cosa come attivi, o passivi, non dipende dai termini. In effetti, se volete confondervi, cercate le parole "attivo" e "passivo" nel vocabolario. Forse un ragioniere le comprenderà subito, ma la persona media non ne capirà il senso. Gli adulti sono sovente troppo orgogliosi per ammettere di non capire qualcosa.

Da ragazzi, il padre ricco ci disse: «Un attivo non è definibile a livello verbale, ma con i numeri. E se non sapete leggere i numeri, non saprete capire la differenza tra un attivo e un buco per terra».

«In contabilità», soleva aggiungere, «ciò che conta non sono i numeri, ma quello che essi dicono. Proprio come le parole. Non contano i vocaboli in sé, ma la storia che raccontano.

«Molti sanno leggere, senza però capire granché. A scuola, c'è una materia che si chiama "comprensione del testo". Non tutti la capivano bene e le conseguenze si vedono nella vita adulta. Per esempio, poco tempo fa ho comprato un videoregistratore nuovo, che naturalmente mi hanno dato insieme al manuale di istruzione. A me basta registrare un programma che danno il venerdì sera. Sono quasi impazzito a leggere il manuale. Far funzionare il nuovo apparecchio è la cosa più difficile al mondo. Sapevo leggere le parole del manuale, ma non ci capivo niente. Dieci in lettura, zero in comprensione del testo: fate la media. Lo stesso dicasi per la maggior parte della gente in relazione alle questioni finanziarie. Se vuoi arricchirti, devi saper leggere e capire i numeri».

Il padre ricco non me lo ha detto una volta, me lo ha ripetuto mille volte. Inoltre, aggiungeva: «I ricchi comprano attivi, i poveri e il ceto medio passivi».

Ecco come spiegare tale differenza. Molti contabili e professionisti della finanza non sarebbero d'accordo con la divulgazione grafica che segue, ma i semplici disegni sono stati le fondamenta economiche di due ragazzi.

Per insegnare questi rudimenti a due preadolescenti, il padre ricco si atteneva alla semplicità e si avvaleva di disegni ogni volta che poteva, usando meno parole possibili. Per anni, non inserì alcun numero.

Modello del *cashflow* di un attivo

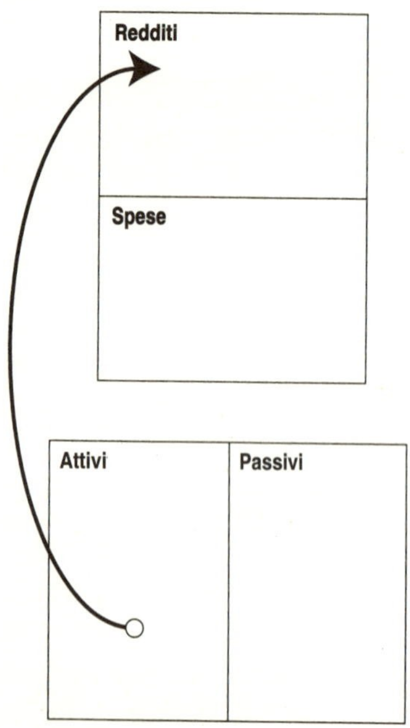

Il grafico in alto è un conto Profitti e Perdite, che riassume le entrate (redditi) e le spese, cioè il denaro che entra e quello che esce. Quello che in basso è uno Stato patrimoniale, così chiamato perché si suppone che bilanci attivi e passivi. Molti principianti della finanza non capiscono il rapporto esistente tra i due diagrammi, che però va assolutamente compreso.

Il motivo principale dei problemi finanziari di molte persone dipende dal fatto che non riconoscono la differenza tra attivi e passivi. La confusione deriva dalla definizione delle due parole, cosa di cui ci si può fare un'idea cercandole sul vocabolario.

Forse un ragioniere esperto riuscirebbe a capirle, ma per l'uomo della strada è come se fossero scritte in cinese. Leggerebbe la definizione, ma avrebbe difficoltà a comprenderne il significato.

Perciò, come già detto, il padre ricco ci ha spiegato che «gli attivi ci mettono i soldi in tasca». Semplice, facile e utile.

Modello del *cashflow* di un passivo

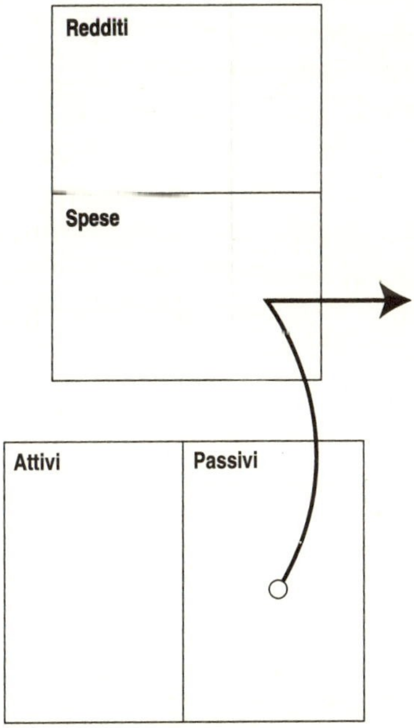

Ora che attivi e passivi sono stati definiti con mezzi grafici, riuscirete a comprendere meglio le definizioni verbali.

Un attivo è qualcosa che mi mette denaro in tasca.

Un passivo è una cosa che mi toglie denaro dalle tasche.

È tutto ciò che vi serve sapere. Se desiderate arricchirvi, dedicate la vita a comprare attivi. Qualora vogliate essere poveri o restare nella classe media, dedicate la vita a comprare passivi. Non saper distinguere tra i due casi è alla base di ogni difficoltà finanziaria che insorge nella vita reale.

L'analfabetismo, letterale o aritmetico, è il fondamento dei guai economici. Chi soffre di problemi finanziari non riesce a interpretare qualcosa, a livello verbale o numerico. Oppure la fraintende. I ricchi sono tali perché per vari aspetti sono più istruiti rispetto a chi naviga in cattive acque finanziarie. Pertanto, se volete arricchirvi e continuare a essere ricchi, dovete assolutamente istruirvi in senso economico-finanziario, a livello sia letterale sia matematico.

Le frecce dei diagrammi rappresentano il *cashflow*. In sé, i numeri non significano nulla, proprio come le parole. Ciò che conta è la storia: nelle relazioni finanziarie, la lettura delle cifre prelude alla ricerca della trama sottesa, alla storia che racconta dove si dirige il *cashflow*. Per l'80% delle famiglie, la storia finanziaria è riassumibile con il lavorare duro per sbarcare il lunario. Fanno così non perché non guadagnino soldi, ma perché passano la vita a comprare passivi anziché attivi.

Per esempio, questo è il modello del *cashflow* di un povero, o di un giovane che vive ancora con i genitori.

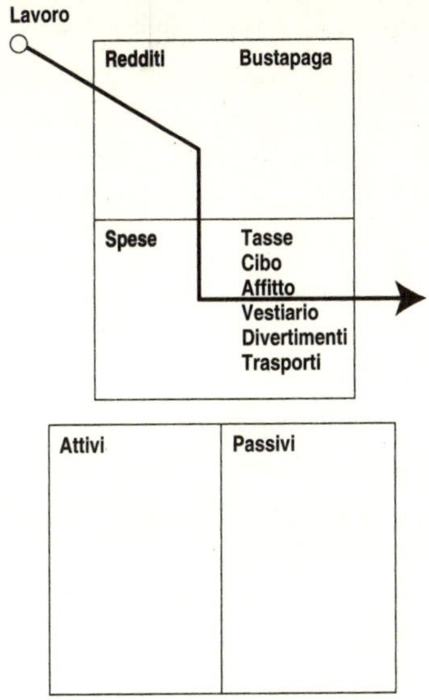

Ecco il *cashflow* di una persona della classe media:

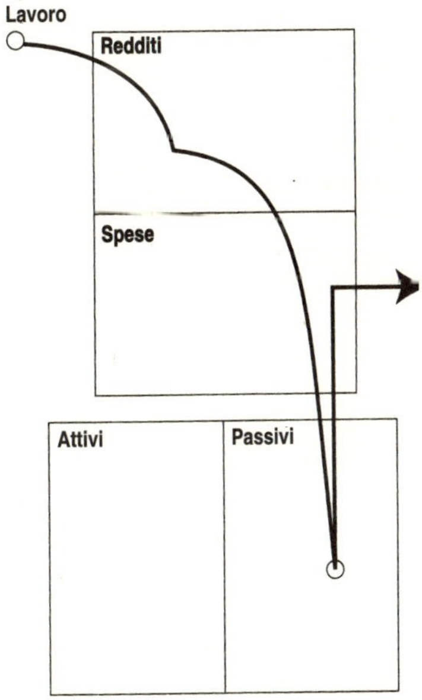

Questo è il *cashflow* di una persona ricca:

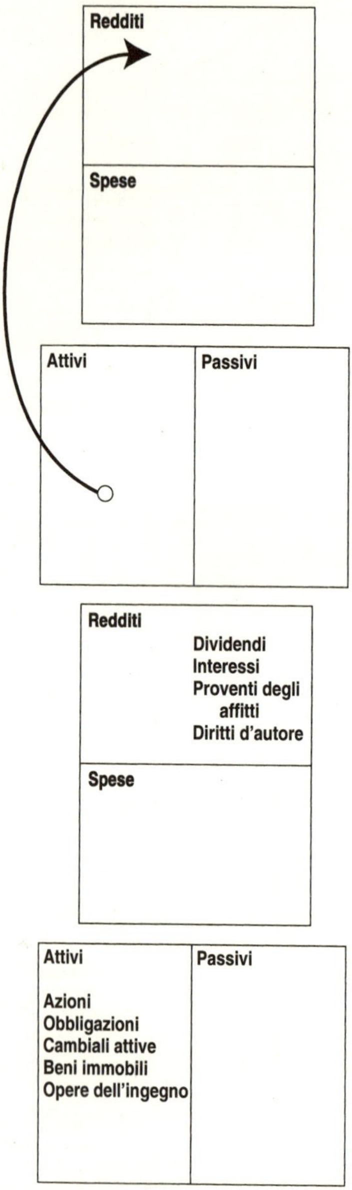

Ovviamente, i grafici sono stati semplificati al massimo: tutti abbiamo spese vive, bisogno di cibo, alloggio e vestiario.

Essi mostrano il *cashflow* di una persona povera, di una del ceto medio e di una ricca. È questo flusso a raccontare la storia, che spiega come quella persona gestisce i suoi soldi, ciò che fa di essi dopo esserne entrato in possesso.

Ho iniziato questo capitolo con la storia degli americani più facoltosi proprio per dimostrare il difetto del modo di ragionare di tante persone. Esso consiste nel ritenere che il denaro possa risolvere tutti i problemi. Ecco perché rabbrividisco quando qualcuno mi chiede consigli per arricchirsi, o da dove deve iniziare per farlo. Molti si lamentano con me: «Sono indebitato, quindi devo trovare dei soldi».

Ma accumulare soldi non risolve sempre il problema; anzi, potrebbe perfino accelerarne la dinamica. Il denaro porta allo scoperto i difetti umani, talora aggravandoli. Esso punta i riflettori su ciò che ignoriamo. Ecco perché spesso chi viene improvvisamente beneficiato da una somma inattesa – per esempio un'eredità, un aumento di paga o una vincita al lotto – ci mette poco per finire di nuovo nell'incresciosa situazione precedente, se non peggio. Il denaro accentua il modello del *cashflow* che abbiamo in testa. Se tale modello prevede la spesa di tutto quanto incassiamo, un aumento di introiti condurrà probabilmente a un incremento di spese, da cui il proverbio americano: «Un cretino e il denaro sono una cosa sola».

Ho già fatto rilevare che si va a scuola per imparare abilità teoriche e pratiche, entrambe parimenti importanti. Poi guadagniamo grazie alle conoscenze professionali apprese. Negli anni Sessanta, quando frequentavo le superiori, se un ragazzo prendeva buoni voti, si riteneva automaticamente che sarebbe diventato un medico. Nessuno gli chiedeva se volesse diventare tale. Era sottinteso. Infatti, la professione medica prometteva le maggiori ricompense finanziarie.

Oggi i medici hanno di fronte dilemmi finanziari che non augurerei al mio peggior nemico: l'assistenza sanitaria è controllata sempre più dalle società di assicurazione; la managerializzazione dell'assistenza pubblica; gli interventi statali; le citazioni giudiziarie per la responsabilità personale in caso di errori, ecc. I ragazzi moderni vogliono diventare giocatori di basket, golfisti come Tiger Woods, maghi dell'informatica, stelle del cinema, cantanti rock, regine di bellezza o agenti di borsa. Infatti, è in tali professioni che si coagulano attualmente fama, denaro e prestigio. Di qui anche l'attuale difficoltà a motivare i ragazzi a studiare le materie scolastiche. Essi sanno che il successo professionale non è più, come una volta, legato unicamente al successo accademico.

Siccome escono dalle scuole senza abilità finanziarie, milioni di persone istruite, pur avendo successo nella loro occupazione, si trovano con il passare del tempo in difficoltà monetarie. Allora, lavorano ancor di più, ma non fanno progressi. Ciò che manca nella loro istruzione non è la capacità di guadagnare, ma quella di spendere, ossia il saper gestire il denaro dopo averlo incamerato. Questa è la nozione di "sagacia finanziaria": quello che si è capaci di fare con i soldi dopo averli guadagnati, per impedire che gli altri ce li portino via, per tenerli il più a lungo possibile e farli fruttare nel modo più redditizio. Molti non sanno di avere problemi di soldi perché non capiscono il *cashflow*. Un individuo può essere estremamente istruito, un luminare nel suo campo professionale, ma un completo analfabeta in senso economico. Spesso finirà per lavorare più duro di quanto abbia bisogno perché si è abituato a farlo, senza però aver appreso a far lavorare i soldi a suo vantaggio.

Come l'inseguimento del Sogno Finanziario può trasformarsi in un incubo finanziario

Il film di chi lavora "duro" ha una sequenza prestabilita. Una coppia giovane, sposata da poco, felice e mediamente istruita, vive in uno dei tanti appartamentini in affitto. Si rende conto quasi subito di poter risparmiare perché, in due, spendono più o meno come quando erano *single*.

Il fatto è che l'appartamento è proprio piccolo. Così, decidono di risparmiare per acquistare la casa dei loro sogni, dopodiché potranno perfino avere dei figli. Adesso hanno due redditi, sicché si concentrano sulla loro carriera per incrementarli.

Mentre i redditi crescono...

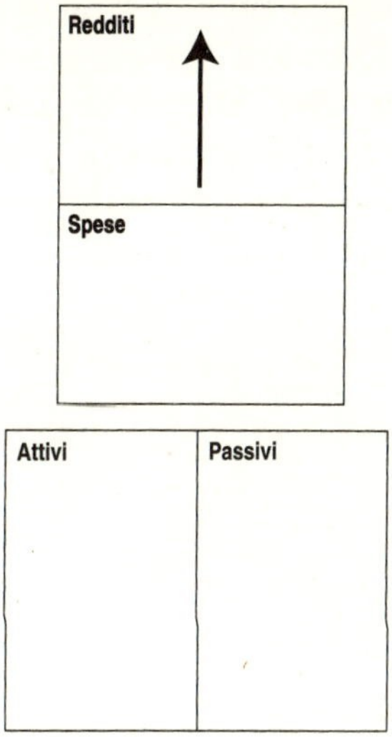

...aumentano anche le spese.

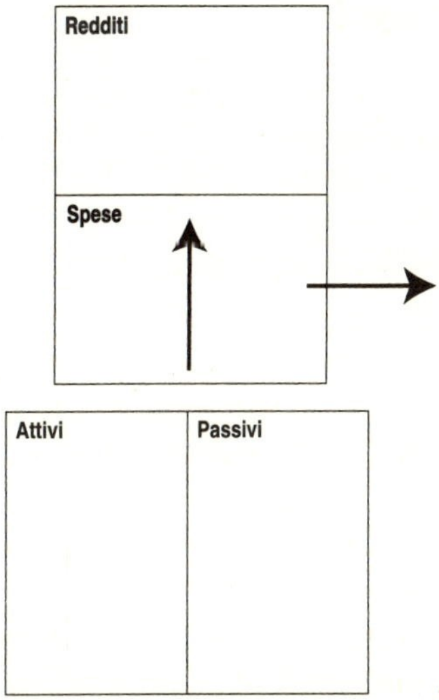

La spesa principale, di solito, sono le tasse. Molti ritengono che la maggiore sia l'imposta sul reddito, ma in realtà per gli americani è quella per la previdenza sociale. A un dipendente potrebbe sembrare che la previdenza sociale abbinata al prelievo per il servizio sanitario nazionale ammonti al 7,5%, ma in effetti è del 15% poiché il datore di lavoro deve versare una somma equivalente come ritenuta alla fonte. Inoltre, vi è l'imposta sul reddito, da pagare sull'ammontare totale compresi i soldi mai ricevuti perché trattenuti alla fonte.

Così, aumentano i loro passivi.

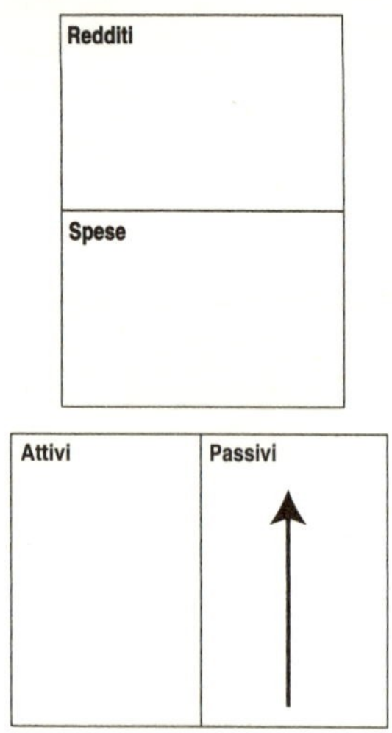

Possiamo dimostrarlo meglio tornando all'esempio della coppietta di neosposi. Come conseguenza del loro reddito in ascesa, decidono di esporsi e comprare la casa dei loro sogni. Una volta installati, devono pagare una nuova tassa, detta imposta sugli immobili. Poi comprano un'auto nuova, mobili più moderni e rinnovano gli elettrodomestici. All'improvviso, si accorgono che la colonna dei passivi è piena di debiti per mutui e carte di credito.

Ormai sono intrappolati nella *Corsa del topo*. Arriva il primo figlio. Lavorano sempre di più. Il processo è reiterato. Più soldi e più tasse, perché passano allo scaglione fiscale superiore. Arriva a casa per posta una nuova carta di credito. La usano, è così comoda. Telefona una società di prestiti dicendo che il loro "cespite" maggiore, la casa, si è rivalutato. Offre di saldare e consolidare i "micropagamenti" perché il loro credito è positivo, sostenendo che una cosa intelligente sarebbe liberarsi dal debito per il consumo ad alto interesse estinguendo la carta di credito. Lo fanno ed estinguono le carte di credito su cui pagano un interesse elevato. Tirano un sospiro di sollievo. Le carte di credito sono estinte. Così, hanno unito il debito per il consumo al mutuo sulla casa. I loro pagamenti diminuiscono perché il debito viene ammortizzato in trent'anni. È la cosa più intelligente da fare.

I loro vicini li invitano a uscire per andare a fare spese: come rifiutare, ci sono i saldi per il Memorial Day[1]. Un'occasione per risparmiare soldi. La coppia si ripromette: «Non compreremo nulla, vediamo solo quello che c'è». Tuttavia, nel caso ci fosse qualcosa di conveniente, si mettono la nuova carta di credito nel portafoglio.

Sapete quante ne incontro di coppie così nei miei seminari... E tutte hanno gli stessi dilemmi finanziari. Vengono da me per ascoltare i miei consigli, a volte mi chiedono: «Può dirci come guadagnare di più?» La loro abitudine allo shopping li spinge a voler incrementare il reddito.

Non passa loro nemmeno per la testa che, in realtà, il problema è il modo in cui decidono di spendere i soldi che hanno, unica vera causa dei loro guai. Che a sua volta deriva dall'analfabetismo finanziario, dal non saper discernere tra attivi e passivi.

Guadagnare di più non risolve quasi mai i problemi monetari. L'intelligenza li risolve. C'è una massima popolare che un mio amico ripete spesso a chi è indebitato fino al collo: «Se ti accorgi di esserti scavato la fossa, smetti di scavare!»

Da piccolo, mio padre mi raccontava che i giapponesi riconoscono tre poteri: quello della spada, dei gioielli e dello specchio.

[1] Festa che celebra i caduti di guerra (di solito, l'ultimo lunedì di maggio) (N.d.T.).

La spada simboleggia le armi. Gli Stati Uniti spendono migliaia di miliardi di dollari per l'armamentario convenzionale e, per questo, sono la forza bellica più potente al mondo.

I gioielli simboleggiano il potere del denaro. C'è una buona parte di verità nel proverbio secondo cui «si dice "regola aurea" perché chi possiede l'oro stabilisce le regole».

Lo specchio simboleggia la forza dell'autoconoscenza. Secondo la leggenda giapponese, conoscere se stessi è il principio più prezioso.

I poveri e le classi medie permettono troppo spesso che la loro esistenza sia dominata del potere del denaro. Limitandosi ad alzarsi di buon'ora per lavorare di più, senza chiedersi se quello che fanno abbia senso, si tirano la zappa sui piedi tutte le volte che si recano in ufficio. Non riuscendo a capire il funzionamento finanziario, la maggior parte della gente si fa dominare dal terribile potere del denaro. La forza finanziaria agisce contro di loro.

Se si servissero del potere dello specchio, si domanderebbero: «Ha senso ciò che faccio?» Invece di fidarsi della saggezza interiore, del genio che ognuno ha dentro di sé, molti seguono troppo spesso la massa, ovvero fanno le cose per spirito di imitazione. In pratica, sono dei conformisti cui non piace porsi dei quesiti. Ripetono inconsapevolmente ciò che hanno sentito dire. Concetti come "diversificare", "la tua casa è un attivo", "la tua casa è il tuo miglior investimento", "se ti indebiti avrai una riduzione fiscale", "trovati un posto fisso", "non commettere errori", "non assumerti dei rischi", ecc.

Si dice che per molti il timore di parlare in pubblico sia di gran lunga superiore a quello della morte. Secondo gli psichiatri, questa paura dipende dal timore di essere ostracizzati, di esporsi, di ricevere critiche, di essere ridicolizzati, di apparire come dei reietti. Il timore di essere diversi impedisce a numerosissime persone di cercare nuove maniere di risolvere i propri problemi.

Ecco perché mio padre diceva che i giapponesi apprezzavano soprattutto il potere dello specchio: solo guardando se stessi gli uomini trovano la verità. E il motivo principale per cui molti preferiscono giocare sul sicuro ha radici nella paura. Questo vale sempre, negli sport come nei rapporti interpersonali, sia nella professione sia in campo finanziario.

È lo stesso timore, quello di essere ostracizzati, a indurre le persone a conformarsi, a non mettere in discussione le opinioni comuni o le tendenze popolari. "La casa è un attivo", "Chiedi un prestito per i micropagamenti e uscirai dai debiti", "Lavora di più", "È un avanzamento di carriera", "Un giorno diventerò vice-presidente", "Quando mi daranno l'aumento, ci compreremo una casa più grande", "I fondi comuni d'investimento sono sicuri", "I pupazzi *Tickle Me Elmo* sono esauriti, ma per fortuna me n'è rimasto uno che un altro cliente non è venuto a ritirare..."

Un gran numero di problemi finanziari sorge perché si segue la folla, si cerca di stare al passo con i vicini di casa. Di tanto in tanto, tutti abbiamo bisogno di osservarci allo specchio e ascoltare la saggezza interiore invece di assecondare le nostre paure.

Poco prima dei sedici anni io e Mike cominciammo ad avere dei problemi scolastici. Non che fossimo somari: il fatto è che avevamo iniziato a essere diversi dalla massa. Nei pomeriggi e nei fine settimana lavoravamo. Dopo il lavoro, spesso ci sedevamo al tavolo in cui il padre ricco discuteva d'affari con i suoi banchieri, avvocati, contabili, agenti di cambio, investitori, manager e impiegati. Aveva smesso di studiare a tredici anni, ma ormai era un uomo che dirigeva, istruiva, comandava e poneva domande a persone istruite. Queste erano a sua disposizione al minimo cenno e tremavano se lui disapprovava i loro atti.

Ecco un uomo che si distingueva dalla massa. Sapeva pensare con la sua testa; la frase che odiava di più era: «Dobbiamo farlo così perché è il modo in cui lo fanno tutti». Un'altra espressione che detestava era: "Non puoi". Se si voleva che facesse qualcosa, bastava dirgli: «Non credo tu possa farcela!»

Io e Mike abbiamo imparato di più durante queste riunioni che in tutti gli anni di scuola, università compresa. Il padre ricco non era istruito in senso scolastico, ma a livello finanziario era imbattibile, come dimostrava il suo successo pratico. Ci ripeteva senza stancarsi: «Una persona intelligente ingaggia persone più intelligenti di lui». Così, io e il mio amico abbiamo avuto la possibilità di ascoltare per ore individui molto intelligenti, imparando ciò che vi era da imparare.

Ma, proprio per questo, non ce la facevamo a seguire il dogma predicato dagli insegnanti scolastici e da ciò conseguivano i problemi. Ogni volta che ci dicevano: «Se non prendete ottimi voti, non farete tanta strada nel mondo», noi aggrottavamo le sopracciglia. Quando ci insegnavano ad applicare certe procedure fisse, a non deviare dalle regole prestabilite, ci accorgevamo che le teorie accademiche soffocavano la creatività. Cominciavamo a capire perché il padre ricco sosteneva che la scuola è destinata a sfornare più esecutori che imprenditori.

A volte io o Mike chiedevamo agli insegnanti quale fosse l'applicazione concreta di ciò che imparavamo, oppure domandavamo perché non studiassimo mai il denaro e il suo funzionamento. In quest'ultimo caso, ci rispondevano che i soldi non sono importanti, che se fossimo stati bravi studenti ci saremmo arricchiti ugualmente.

Noi due, invece, più comprendevamo il potere dei soldi e più ci allontanavamo da insegnanti e compagni di classe.

Il mio istruitissimo padre non mi ha mai assillato con i voti. Spesso me ne sono chiesto il motivo. Ciononostante, abbiamo cominciato a litigare sull'argomento dei soldi. Verso i sedici anni ne sapevo probabilmente di più dei miei genitori messi assieme. Ero in grado di tenere la contabilità, ascoltavo consulenti fiscali, avvocati aziendali, banchieri, agenti immobiliari, investitori e così via. Mio padre, invece, parlava con gli insegnanti.

Un giorno, volle spiegarmi perché la nostra casa fosse un attivo. Quando gli dimostrai che un'abitazione non è un buon investimento, iniziò una discussione poco piacevole tra di noi.

Il diagramma seguente illustra la diversa concezione tra il padre ricco e il padre povero in rapporto alla casa. Il primo riteneva che fosse un passivo, il secondo un attivo.

Padre ricco

Attivi	Passivi
	Casa

Padre povero

Attivi	Passivi
Casa	

Ricordo che quando tracciai il diagramma seguente davanti a mio padre volevo dimostrargli la direzione del *cashflow*. Gli indicai anche le spese accessorie che, inevitabilmente, si accompagnano al possesso di un'abitazione. Una dimora più grande implica maggiori spese, come segnala il *cashflow* nella colonna delle spese.

Passivi

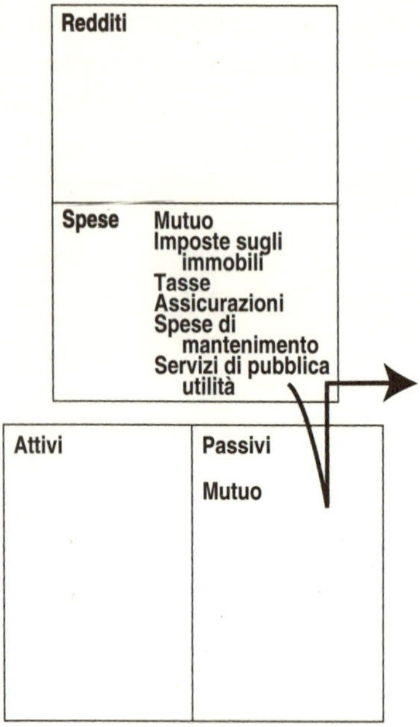

Ancora oggi mi contestano l'idea della casa come passivo. Lo so che per molti essa rappresenta un sogno, nonché il loro maggior investimento. Inoltre, possederne una è meglio di niente. Io vorrei soltanto offrire un modo alternativo di considerare questo dogma popolare. Se io e mia moglie dovessimo comprare una casa più ampia e lussuosa, è evidente che non sarebbe un attivo, ma un passivo, dal momento che ci toglierebbe soldi dalle tasche.

Ecco quindi la mia tesi. Non mi aspetto che la maggioranza della gente concordi con me, perché avere un bell'appartamento è una cosa emotivamente marcata. E quando entrano in ballo le emozioni, si offusca l'intelligenza finanziaria. Inoltre, so per esperienza personale che i soldi tendono a rendere "sentimentale" ogni decisione.

1. Quanto alla casa, mi preme rilevare che la maggioranza della gente lavora una vita intera per pagarsi un alloggio che non possiederà mai. In altri termini, molti comprano

una casa ogni tanto, accendendo ciascuna volta un mutuo trentennale per estinguere quello precedente.

2. Sebbene vi siano esenzioni fiscali sugli interessi del mutuo, la gente effettua le altre spese con i soldi che restano. Anche dopo aver estinto il mutuo.
3. Imposte immobiliari. I genitori di mia moglie sono rimasti scioccati vedendo salire tali imposte a mille dollari mensili. Ciò è successo dopo che erano andati in pensione, per cui l'aumento ha inciso a fondo sulle loro entrate, costringendoli a traslocare.
4. Non sempre le case crescono di valore. Ho degli amici che devono pagare una casa da un milione di dollari che potrebbero rivendere a soli 700.000 dollari.
5. Le perdite maggiori sono quelle causate dalle occasioni non colte. Se tutti i vostri soldi sono bloccati nella casa, potreste essere obbligati a lavorare di più perché il vostro denaro continua a uscire dalla colonna delle spese invece di accumularsi in quella degli attivi (classico modello del flusso di cassa del ceto medio). Se una giovane coppia mettesse presto dei soldi nella colonna degli attivi, in seguito le cose si farebbero più facili, specie quando sarà ora di iscrivere i figli all'università. Gli attivi crescerebbero e renderebbero possibile coprire le spese. Una casa serve troppo spesso per incorrere in un prestito ipotecario per saldare le spese crescenti.

Riassumendo, l'esito della decisione avventata di possedere, anziché un portafoglio titoli, un'abitazione troppo costosa provoca conseguenze che incidono a livello individuale in almeno tre modi.

1. Perdita di tempo, durante il quale altri cespiti degli attivi avrebbero potuto crescere di valore.
2. Perdita di capitale aggiuntivo, che avrebbe potuto essere investito invece di coprire le elevate spese di mantenimento della casa.
3. Perdita di istruzione. Troppo spesso la gente ritiene che la casa, i risparmi e i piani pensionistici siano tutto ciò

che ha nella colonna degli attivi. Siccome non possiede denaro liquido, non investe. Ciò le costa come esperienza in fatto di investimenti. Molti non diventeranno mai "investitori provetti". Gli investimenti migliori vengono venduti prima di tutto a questi investitori raffinati, che si guardano attorno e li rivendono a chi vuole giocare sul sicuro.

Non dico che non si debba comprare la casa, voglio solo sottolineare la differenza tra attivi e passivi. Se desidero acquistare una villa, prima compro beni che generino il *cashflow* con cui pagarmela.

Il rendiconto finanziario del padre istruito esemplifica la vita di chi è invischiato nella *Corsa del topo*. Sembra che le sue spese siano sempre pari ai redditi, così che non può mai investire in attivi. Di conseguenza, i suoi passivi (come il mutuo e i debiti sulle carte di credito) sono maggiori degli attivi. Il diagramma seguente è più eloquente di mille parole.

Rendiconto finanziario del padre istruito

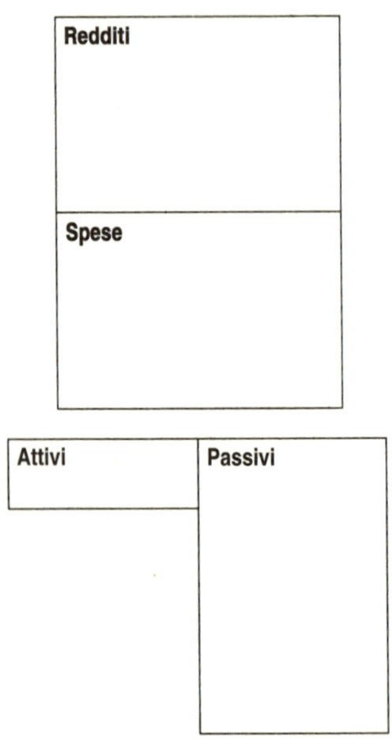

Il rendiconto finanziario del padre ricco, invece, riflette una vita dedicata a investire e minimizzare i passivi.

Rendiconto finanziario del padre ricco

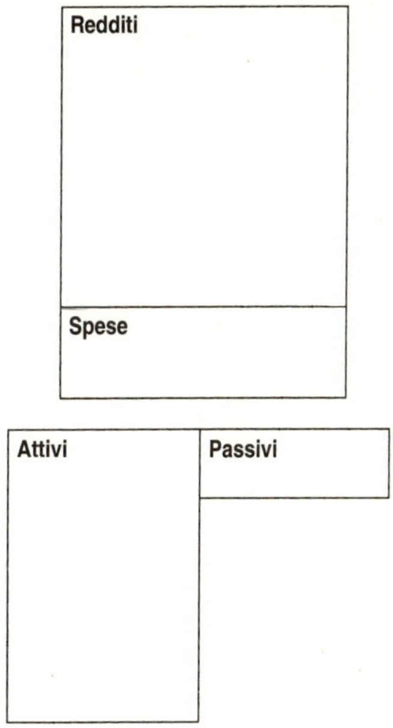

L'analisi del secondo rendiconto spiega perché i ricchi continuano ad arricchirsi. La colonna degli attivi produce rendite più che sufficienti per coprire le spese, così che il saldo attivo viene reinvestito in beni di proprietà. La colonna degli attivi continua a crescere e perciò aumentano anche i redditi che essa produce.

Risultato: i ricchi diventano sempre più ricchi!

Perché i ricchi continuano ad arricchirsi

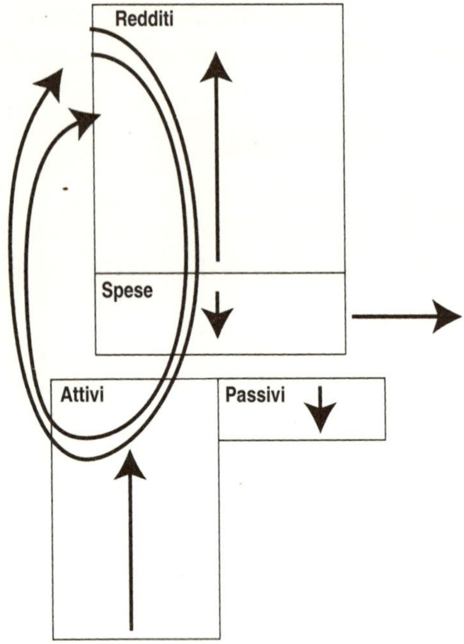

Il ceto medio si trova costantemente in difficoltà finanziarie: i suoi redditi principali sono rappresentati dallo stipendio, aumentando il quale crescono anche le tasse. Le spese tendono a crescere in egual proporzione all'aumento di stipendio; di qui l'espressione *Corsa del topo*. I borghesi considerano la casa un bene principale degli attivi invece di investire in attivi che producono reddito.

Perché le classi medie hanno difficoltà finanziarie

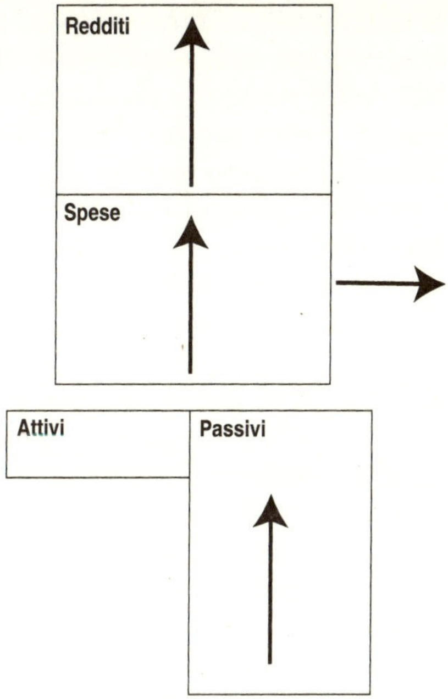

L'abitudine di reputare la casa come investimento e l'idea secondo cui un aumento salariale consente l'acquisto di una casa più grande, o di spendere di più, è alla base dell'odierna società indebitata. Quest'aumento delle spese mette nei guai le famiglie, gettandole nell'incertezza finanziaria, anche se magari i componenti avanzano di carriera e ricevono regolarmente stipendi maggiorati. Ciò significa vivere a rischio per analfabetismo economico.

Negli anni Novanta, la grande perdita dei posti di lavoro dovuta alle ristrutturazioni industriali ha portato alla luce la precarietà delle condizioni finanziarie in cui versano le classi medie. All'improvviso, i piani pensionistici aziendali sono stati sostituiti dai piani 401k. La previdenza sociale nazionale è in evidente difficoltà e non può essere considerata affidabile come fonte di pensione. Le classi medie sono in preda al panico. Al momento attuale, l'aspetto positivo è che molti hanno capito la situazione e cominciato a comprare fondi comuni di investimento. L'aumento degli investimenti è in gran parte responsabile della grande ripresa del mercato azionario. Oggi si stanno creando continuamente nuovi fondi comuni per rispondere alla domanda del ceto medio.

I fondi comuni sono popolari perché rappresentano la sicurezza. Un compratore medio di tali fondi è troppo impegnato a lavorare, pagare le tasse e i mutui, risparmiare per l'università dei figli ed estinguere le carte di credito. Non ha tempo per imparare a investire, per cui si affida all'esperienza delle società finanziarie. Inoltre, siccome un fondo comune comprende diversi tipi di investimento, crede che i suoi soldi siano sicuri perché il rischio è "diversificato".

Questo gruppo di borghesi istruiti crede nel dogma della "diversificazione" propugnato dai promotori finanziari che investono in fondi comuni: giocate sul sicuro, evitate i rischi.

La tragedia è che la loro mancanza di istruzione finanziaria crea altri rischi. Il motivo per cui le classi medie devono giocare sul sicuro dipende dalla loro labile, come minimo, posizione finanziaria. Il loro stato patrimoniale è sbilanciato; sono pieni di passivi e hanno pochi attivi che producono reddito. Di solito la loro fonte di reddito è costituita solo dallo stipendio. La loro sussistenza dipende del tutto dal datore di lavoro.

Così, quando capita l'"affare della vita", quelle persone non possono sfruttare l'occasione. Devono continuare a giocare sul sicuro perché lavorano tanto, sono tassati all'inverosimile e indebitati fino al collo.

Come dicevo all'inizio di questo capitolo, la prima regola è capire la differenza tra attivi e passivi. Dopo di che, occorre concentrare gli sforzi sull'acquisto esclusivo di attivi che producano reddito. Questa è la maniera migliore per mettersi sulla strada della ricchezza. Continuate così e la colonna degli attivi si rimpolperà. Preoccupatevi di tenere al minimo i passivi e le spese. Ciò renderà disponibile più denaro da versare nella colonna degli attivi. In breve, la base degli attivi sarà così solida da permettervi di prendere in esame investimenti più speculativi, con utili dal 100% all'infinito. Investimenti che si trasformano rapidamente da cinquecento dollari a un milione di dollari o più. Quelli che le classi medie ritengono troppo "rischiosi". Il rischio non è l'investimento, ma la carenza di intelligenza finanziaria, a partire dall'ABC economico, che induce l'individuo a "rischiare troppo".

Se fate come fa la massa, rientrate in questo grafico.

In quanto impiegati che possiedono anche una casa, le vostre fatiche sono generalmente distribuite in questo modo:

1. Lavorate per qualcun altro. La maggior parte delle persone, lavorando per la paga, arricchisce un imprenditore, o gli azionisti. Le vostre fatiche contribuiscono al successo e alla pensione dell'imprenditore.

2. Lavorate per lo Stato. Lo Stato trattiene una parte dalla vostra busta paga ancor prima che la vediate. Lavorando di più, aumentate la quantità di imposte e trattenute governative (molti faticano da gennaio a maggio solo per lo Stato).
3. Lavorate per la banca. Dopo le tasse, di solito, le spese maggiori sono quelle relative al mutuo e alle carte di credito.

Il problema di chi si limita a lavorare di più è che ciascuno dei tre livelli menzionati si accaparra una porzione maggiore degli sforzi incrementati. Invece, dovete imparare a far sì che i vostri sforzi aumentati possano beneficiare direttamente voi e la vostra famiglia.

Una volta deciso di badare ai vostri affari, in che modo fissate i vostri obiettivi? Per la maggior parte delle persone, si tratta di mantenere il posto e fare affidamento sullo stipendio per acquisire altri attivi.

Crescendo gli attivi, come misurano il loro successo? Quand'è che una persona si accorge di essere ricca, di possedere ricchezze? Oltre ad avere la mia definizione di attivi e passivi, ne ho una per la ricchezza. A dire il vero, l'ho mutuata da un certo Buckminster Fuller. Alcuni lo ritengono un ciarlatano, altri un genio di livello assoluto. Qualche decennio fa, nel 1961, egli mise in subbuglio il mondo degli architetti per aver chiesto il brevetto su una sua invenzione, la cupola geodetica. Tuttavia, ha detto qualcosa anche a proposito della ricchezza. All'inizio la sua affermazione confonde le idee, ma poi comincia ad apparire sensata: la ricchezza è la capacità di una persona di sopravvivere un certo numero di anni... In altri termini, se smettessi di lavorare oggi, quanto potrei sopravvivere?

A differenza dell'utile netto – differenza tra attivi e passivi, che spesso dipende dalle (fallaci) opinioni personali sul valore delle cose –, questa definizione offre la possibilità di eseguire una valutazione accurata. Potrei calcolare ora a che punto mi trovo in relazione al mio obiettivo di rendermi indipendente a livello finanziario.

L'utile netto include infatti cespiti che non producono contante, come la varia roba che avete comprato e tenete in garage, mentre la ricchezza indica quanto denaro sta producendo il vostro denaro e, quindi, misura il livello della vostra possibilità di sopravvivenza.

La ricchezza misura il *cashflow* derivante dalla colonna degli attivi in rapporto alla colonna delle spese.

Facciamo un esempio. Se gli attivi mi producono un *cashflow* pari a 1.000 dollari mensili e ho spese mensili di 2.000 dollari, qual è la mia ricchezza?

Adottiamo la definizione di Buckminster Fuller. Quanti giorni posso sopravvivere? Supponendo un mese di trenta giorni, avrei un *cashflow* sufficiente per quindici giorni.

Quando i miei attivi produrranno un *cashflow* pari a 2.000 dollari, sarò ricco.

Non sarò ancora facoltoso, ma sopravviverò. Ogni mese avrò un reddito generato dagli attivi che mi copre le spese mensili. Volendo aumentare le spese, devo dapprima incrementare il *cashflow* prodotto dagli attivi per mantenere questo livello di ricchezza. Notate che è a questo punto che non dipendo più dal mio stipendio. Mi sono preoccupato di costruire una colonna degli attivi capace di rendermi finanziariamente autonomo. Se mi licenziassi oggi, potrei coprire le spese mensili con il denaro generato dagli attivi.

Il prossimo passo consisterebbe nel possedere un *cashflow* derivante dagli attivi da reinvestire nella stessa colonna degli attivi. Più denaro entra in tale colonna, più essa cresce. Più essa cresce, maggiore sarà il *cashflow*. E finché terrò le spese a un livello inferiore a tale flusso, mi arricchirò e i miei redditi deriveranno sempre più da fonti diverse dal lavoro fisico.

Perpetuando questo processo di reinvestimento, sarò sulla strada giusta verso la ricchezza. In realtà, la definizione di ricchezza è nella mente dell'osservatore esterno. Non si è mai troppo ricchi.

Ricordate questi fatti.

I ricchi comprano attivi.

I poveri hanno solo spese.

Il ceto medio compra passivi che crede siano attivi.

Come si fa quindi per cominciare a occuparsi dei propri affari? Qual è la risposta? Ascoltiamo il fondatore della catena McDonald's.

CAPITOLO IV

Terza lezione:

Occuparsi dei propri affari

Nel 1974, Ray Kroc, fondatore della catena McDonald's, tenne una conferenza al corso di specializzazione in Economia dell'Università del Texas, a Austin. Un mio caro amico, Keith Cunningham, era iscritto al corso. Dopo un discorso efficace e motivante, la lezione fu aggiornata e gli studenti chiesero a Ray se voleva unirsi a loro per una birra nel loro locale preferito. Ray accettò con piacere.

«Qual è il settore di cui mi occupo?» chiese il magnate non appena ebbero un boccale in mano.

«Tutti si misero a ridere», mi riferì Keith. «Pensavano che Ray stesse scherzando».

Nessuno rispose, così Ray ribadì il quesito: «Di quale settore pensate che mi occupi?»

Gli studenti risero di nuovo e, alla fine, un'anima coraggiosa esclamò: «Ma tutti sanno che lei vende hamburger!»

Ray sogghignava. «Proprio quello che pensavo avreste detto». Dopo una pausa, aggiunse: «Signori e signore, non mi occupo affatto di hamburger: la mia attività sono i beni immobili».

Keith mi disse che Ray ci mise molto per spiegare il suo punto di vista. Nel piano aziendale, era chiaro che l'attività principale consistesse nel concedere franchigie per la vendita di hamburger, ma ciò su cui si concentrava sempre Ray era l'ubicazione di ciascun punto vendita. Lui sapeva che l'immobile e la sua localizzazione erano il fattore più importante per il successo della concessione. Sostanzialmente, la persona che accetta il franchising paga anche il terreno su cui sorge il McDonald's.

Oggi McDonald's è il più grande proprietario immobiliare del mondo, occupando i più costosi incroci e angoli stradali d'America, oltre che degli altri continenti.

Keith sostiene che quella sia stata una delle lezioni più preziose della sua vita. Oggi, egli possiede diversi autolavaggi, ma il suo affare è la terra su cui essi sorgono.

Ho terminato il precedente capitolo con il grafico che spiega perché molti lavorano per tutti (i proprietari della loro azienda, lo Stato che esige le tasse, la banca che gli ha concesso il mutuo) tranne che per se stessi.

Da ragazzo, non c'era nessun McDonald's nella zona in cui vivevo. Tuttavia, Mike ed io abbiamo avuto la stessa lezione data da Ray Kroc agli studenti dell'università del Texas. È il terzo segreto dei ricchi.

Esso consiste nel "curare i propri affari". I problemi finanziari derivano spesso dal fatto che molti lavorano tutta la vita per qualcun altro. Alla fine della giornata lavorativa, non resta loro niente in mano.

Di nuovo, un grafico è più eloquente delle parole. Ecco il conto Profitti e Perdite e lo Stato patrimoniale che descrive i consigli di Ray Kroc.

L'attuale sistema scolastico si propone di preparare i ragazzi a trovare un buon lavoro sviluppando le loro abilità teoriche. La loro vita sarà condizionata dallo stipendio o, come già detto, dalla colonna dei redditi.

Dopo i primi rudimenti scolastici, si può procedere ai livelli superiori di istruzione per migliorare ancora. I ragazzi studiano per diventare ingegneri, scienziati, cuochi, poliziotti, artisti, scrittori e così via. Le abilità professionali permetteranno loro di entrare nella forza-lavoro e di guadagnare dei soldi.

Ma vi è una grande differenza tra la propria professione e i propri affari. Spesso chiedo alla gente: «Di che ti occupi?» e mi sento rispondere: «Sono un banchiere». Allora, chiedo se possiedano la banca e loro, naturalmente, rispondono: «No, ci lavoro».

In questo caso, confondono il loro mestiere con i loro affari. Di professione sono bancari, ma devono ancora capire quali sono i loro affari. Ray Kroc l'aveva capito bene. Il suo mestiere era sempre lo stesso: la vendita. All'inizio vendeva miscelatori per frullati, poi ha cominciato a vendere concessioni per hamburger. Tuttavia, se la sua professione era dare i locali in franchising, i suoi affari consistevano nell'accumulo di terre e immobili che producono reddito.

A scuola, uno dei problemi è che spesso si diventa ciò per cui si studia. Per esempio, chi frequenta l'istituto alberghiero diventa cuoco o segretario d'albergo. Chi studia giurisprudenza, diventa avvocato; chi si iscrive a una scuola per riparazioni automobilistiche, diviene meccanico. L'errore sta nel fatto che, intraprendendo il mestiere per cui si è studiato, ci si dimentica di occuparsi dei propri affari. Così, si passa la vita a servire gli interessi altrui, rendendo ricchi gli altri.

Per essere finanziariamente sicura, una persona deve pensare al suo interesse. Ciò significa preoccuparsi della colonna degli attivi, non di quella dei redditi. Come rilevato in precedenza, la regola numero uno prescrive di distinguere tra attivi e passivi, e di comprare i primi. I ricchi si concentrano sulla colonna degli attivi mentre tutti gli altri pensano a redditi e spese.

Ecco perché sentiamo spesso dire: "Ho bisogno di un aumento"; "Se solo avessi un avanzamento di carriera"; "Devo tornare sui banchi per specializzarmi e poi trovare un lavoro migliore"; "Lavorerò anche di notte"; "Forse riesco a trovare un secondo lavoro"; "Dò gli otto giorni: ho trovato un posto dove mi pagano meglio".

In certi circoli, queste appaiono idee sensate. Però, secondo Ray Kroc, se vi piacciono non state ancora facendo i vostri affari. Esse rientrano completamente nella logica della colonna dei redditi e contribuiranno ad arricchirvi solo se userete il denaro aggiuntivo per comprare attivi che generano reddito.

Il motivo principale per cui la maggioranza dei poveri e dei borghesi è fiscalmente conservatrice (significa: "Non posso assumermi dei rischi") dipende dal fatto che non hanno istruzione finanziaria. Devono tenersi stretto il loro lavoro, devono giocare sul sicuro, stare al coperto.

Quando le aziende sono state costrette a ridurre i dipendenti, milioni di operai e impiegati hanno scoperto che il loro "presunto" bene maggiore, la casa, prosciugava tutto ciò che avevano. Il loro attivo, detta casa, costava dei soldi ogni mese. La loro auto, altro presunto attivo, li metteva sul lastrico. Le mazze da golf, che tenevano in garage e avevano pagato mille dollari, ora valevano molto meno. Senza sicurezza professionale, non avevano altro su cui fare affidamento. Ciò che ritenevano fossero attivi non permetteva loro di sopravvivere in tempo di crisi finanziaria.

Immagino che molti abbiano riempito il modulo per la richiesta di credito a una banca al fine di comprare una casa o una macchina. È sempre interessante guardare la voce dell'"utile netto". Lo è perché così emerge ciò che le normali pratiche bancarie permettono di considerare come attivo di una persona.

Una volta, chiedendo un prestito, la mia posizione finanziaria appariva poco lusinghiera. Allora, vi aggiunsi le mie mazze da golf, la mia collezione di opere d'arte, i miei libri, lo stereo, la televisione, i vestiti firmati Armani, gli orologi da polso, le scarpe e altri effetti personali, tanto per aumentare le voci nella colonna degli attivi.

Ciononostante, mi negarono il prestito perché avevo troppi beni di investimento. Al comitato che vagliava la mia domanda non piaceva che facessi tanti soldi con i miei appartamenti. Volevano sapere perché non avessi un lavoro normale con uno stipendio. Non mettevano in dubbio i vestiti di Armani, le mazze da golf o la collezione di quadri. A volte la vita è dura se si esce dal profilo standardizzato.

Rabbrividisco ogni volta che sento qualcuno dire che il suo utile netto è pari a un milione di dollari, a centomila dollari, o altro. Una delle ragioni principali per cui l'utile netto non è preciso dipende dal fatto che, non appena si vendono gli attivi, si è tassati sul lucro ottenuto.

Tanti individui licenziati, essendo diminuito il loro reddito, si sono trovati in grossi guai finanziari. Per raccogliere dei fondi, hanno venduto i loro attivi. Intanto, gli attivi personali sono alienabili solo per una frazione della cifra iscritta nello stato patrimoniale. Qualora vi sia un lucro sulla vendita degli attivi, ecco arrivare le tasse sulle rendite. Lo Stato reclama la sua parte, riducendo così l'ammontare disponibile che serviva per uscire dai guai. Ecco perché sostengo che l'"utile netto" di una persona è spesso inferiore a quello che ritiene.

Iniziate a occuparvi dei vostri affari. Mantenete il vostro lavoro quotidiano, ma cominciate a comprare veri attivi, non passivi o effetti personali che perdono valore reale non appena li portate a casa. Un'auto nuova perde quasi il 25% del prezzo di listino nel momento stesso in cui andate a ritirarla. Non è un vero cespite, anche se la vostra banca lo ritiene tale. La mia nuova mazza da golf in titanio, che ho pagato 400 dollari, ne valeva solo 150 nel momento stesso in cui l'ho usata per la prima volta.

Gli adulti devono tenere basse le spese, ridurre i passivi e costruire diligentemente una solida base di attivi. I giovani che non sono ancora indipendenti devono chiedere ai genitori di insegnare loro la differenza tra attivi e passivi. Inoltre, devono imparare a costruire una solida colonna degli attivi prima di abbandonare la casa paterna, di sposarsi, comprare un appartamento, avere figli e rimanere invischiati in una pericolosa situazione finanziaria, aggrappandosi a un posto di lavoro e comprando tutto a credito. Vedo un sacco di coppie che si sposano e si fanno intrappolare in uno stile di vita che non permette loro di sdebitarsi per gran parte della vita.

Quando il loro ultimo figlio si rende indipendente, molti si rendono conto di non essersi preparati una pensione adeguata, sicché cominciano ad affannarsi per accantonare dei soldi. Poi, magari, sono i loro genitori ad ammalarsi, per cui si trovano a doversi accollare nuove responsabilità.

Che genere di attivi posso quindi suggerire di acquistare a voi e ai vostri figli? Nella mia concezione, i veri attivi sono compresi in diverse categorie:

1. Gli affari che non richiedono la mia presenza. Li possiedo, ma sono gestiti da altre persone. Se devo lavorarci, non è un affare, ma diventa la mia occupazione.
2. Azioni.
3. Obbligazioni.
4. Fondi comuni di investimento.
5. Immobili o proprietà fondiarie che producono rendite.
6. Cambiali attive (pagherò).
7. Diritti d'autore su opere d'ingegno come musica, brevetti, sceneggiature.
8. Qualsiasi altra cosa che abbia valore, produca reddito, si rivaluti e abbia già un mercato.

Da giovane, il padre povero mi incoraggiava a trovare un posto fisso. Per converso, il padre ricco mi spingeva a comprare attivi che amavo. «Se non ti piacciono, non te ne prenderai cura», diceva. In effetti, accumulo terre ed edifici perché adoro i beni immobili. Mi piace andarli a comprare: potrei fissarli per una giornata intera. Se sorgono problemi, essi non sono mai così gravi da intaccare il mio affetto per un determinato cespite. Chi odia gli immobili non dovrebbe acquistarli.

Mi piacciono le azioni delle piccole imprese, specie quelle appena fondate. Infatti, io sono un imprenditore, non un uomo d'azienda. Nei primi tempi, lavoravo per grandi società come la Standard Oil of California, la Marina statunitense e la Xerox. Non che ci sia stato male, ho sicuramente dei bei ricordi, ma so di non essere un uomo d'azienda. Mi piace fondare le imprese, non gestirle.

Di solito i miei acquisti azionari riguardano piccole imprese, anzi, a volte sono io a metterle sul mercato e farle diventare pubbliche. Si fanno fortune con emissioni di nuove azioni: ammetto che questo gioco mi piace molto. Molti hanno paura delle aziende dal capitale ridotto, ritengono che siano rischiose, e in effetti lo sono. Ma il rischio si riduce sempre se amate il settore di investimento, se lo conoscete e capite il gioco.

Per quanto riguarda le piccole aziende, la mia strategia di investimento prevede di rivendere le azioni entro un anno. Per contro, la mia strategia per i beni immobili prevede di iniziare con poco e continuare a scambiare i beni con proprietà maggiori, rimandando così il pagamento delle tasse sull'incremento delle rendite. Ciò permette un notevole aumento di valore. Di solito trattengo gli immobili per non più di sette anni.

Per anni, anche quando ero alle dipendenze della Marina o della Xerox, feci quello che mi suggeriva il padre ricco. Tenevo il lavoro quotidiano, ma nel frattempo occuparmi dei miei affari. Mi impegnavo cioè a incrementare la colonna degli attivi. Scambiavo beni immobili e piccole azioni. Il padre ricco insisteva sempre sull'importanza dell'alfabetismo finanziario. Meglio comprendevo la contabilità e la gestione del contante e più sarei stato capace di analizzare gli investimenti, finendo per fondare una mia azienda.

Non consiglierei a nessuno di fondare un'impresa se non lo desidera davvero. Sapendo ciò che so sulla gestione aziendale, non auguro a nessuno di assumersi tale onere. Ci sono periodi in cui non si riesce a trovare lavoro, per cui fondare una società può apparire una soluzione. Ma le probabilità cospirano contro il successo: nove aziende su dieci falliscono entro i primi cinque anni. Di quelle che superano il primo lustro, altre nove su dieci falliscono. Perciò, vi consiglio di farlo solo se avete davvero il desiderio di possedere una vostra azienda. Altrimenti, tenetevi il vostro lavoro dipendente e curate i vostri interessi.

Con questo, voglio dire che dovete costruire e rafforzare la colonna degli attivi. Ogni volta che ci inserite un dollaro, non fatevelo sfuggire. Ragionate così: se un dollaro entra nella colonna degli attivi, lo considero un mio dipendente. La cosa più bella dei soldi è che lavorano ventiquattr'ore al giorno, anche per le generazioni successive. Tenete il vostro lavoro quotidiano, siate dipendenti zelanti e stacanovisti, ma continuate a corroborare la colonna dei vostri attivi.

Aumentando il *cashflow*, potrete comprare dei beni di lusso. I ricchi comprano beni di lusso come ultima cosa, mentre poveri e classe media li comprano spesso come prima cosa. Questi ultimi acquistano case enormi, diamanti, pellicce, gioielli o barche perché vogliono sembrare facoltosi. Lo sembrano, ma in realtà sprofondano nei debiti. I ricchi che sono tali da lungo tempo si sono preoccupati anzitutto di strutturare bene la colonna degli attivi; poi, col reddito generato da tale colonna acquistano beni di lusso. Poveri e ceto medio si comprano gli sfizi col sudore, col sangue e l'eredità dei figli.

Un bene di lusso è la ricompensa per aver investito in veri attivi e averli sviluppati. Per esempio, quando io e mia moglie avevamo soldi in più grazie all'affitto dei nostri appartamenti, lei ha voluto comprare una Mercedes. Non ha dovuto lavorare di più né correre alcun rischio, perché le rendite immobiliari le hanno pagato l'auto. Tuttavia, aveva dovuto aspettare quattro anni che gli investimenti cominciassero a produrre denaro supplementare, sufficiente a pagarsi l'auto. Ma il bene di lusso, la Mercedes, era una vera ricompensa perché mia moglie aveva dimostrato di saper accrescere la colonna degli attivi. Per lei, quell'auto significa qualcosa di più di un bell'oggetto: vuol dire aver usato l'intelligenza finanziaria per potersela permettere.

La maggior parte della gente agisce d'impulso e compra la macchina nuova, o un altro sfizio, a credito. Forse si annoia e vuole un giocattolo nuovo. Ma comprarlo a credito induce prima o poi a odiarlo perché il debito diventa un fardello finanziario.

Dopo esservi occupati dei vostri interessi, con gli investimenti giusti nel tempo adatto, sarete pronti ad aggiungere il tocco magico, il più grande segreto dei ricchi. Quello che li pone all'avanguardia, molto più avanti della massa. È la ricompensa che li aspetta per essersi occupati dei propri affari.

CAPITOLO V
Quarta lezione:

La storia delle tasse e il potere aziendale

Mi ricordo che a scuola ci raccontavano la storia di Robin Hood e della sua allegra brigata. Il mio insegnante lo presentava come un eroe romantico, un tipo alla Kevin Costner, che rubava ai ricchi per dare ai poveri. Ma il padre ricco non lo considerava affatto un eroe: secondo lui, era un furfante.

Robin Hood se n'è andato da un pezzo, ma i suoi seguaci sono ancora vivi e vegeti. Spesso sento dire «Perché i ricchi evadono le tasse?» oppure «Bisogna aumentare le tasse ai ricchi e distribuire la ricchezza ai poveri».

È quest'idea romantica di prendere ai ricchi per dare ai poveri ad aver causato i più grossi problemi agli stessi poveri e al ceto medio. Il motivo per cui la classe media è tanto tassata dipende da questo ideale alla Robin Hood. La realtà è che i ricchi eludono le tasse, mentre la classe media, specie quella istruita e con redditi medio-alti, le paga a favore dei poveri.

Per capire come funzionano veramente le cose dobbiamo porci in prospettiva storica. In particolare, sarà utile dare un'occhiata alla storia dei tributi.

Originariamente, in Inghilterra e in America, non esistevano le tasse. A volte venivano imposti dei tributi temporanei per sostenere le spese militari. Il re o il presidente facevano circolare la voce che tutti i sudditi dovevano contribuire allo sforzo bellico. Dal 1799 al 1816, in Inghilterra furono raccolti i tributi per le guerre contro Napoleone e la Francia, mentre in America le prime tasse coprirono le spese per la Guerra Civile (1861-1865).

Nel 1874 la Gran Bretagna rese l'imposta sul reddito un tributo permanente sui cittadini. Negli USA, l'imposta sul reddito diventò obbligatoria nel 1913 in seguito all'adozione del Sedicesimo Emendamento alla Costituzione. Una volta, gli americani erano contro le tasse. Era stata l'eccessiva imposta sul tè a portare al famoso incidente (rovesciamento in mare del carico inglese di tè) di Boston Harbor, che poi scatenò la Rivoluzione Americana. Ci vollero cinquant'anni, sia in Inghilterra sia negli USA, per convincere il popolo della plausibilità dell'idea di una regolare imposta sul reddito.

Ciò che non rivelano queste date è che in entrambi i casi il tributo doveva colpire inizialmente soltanto i ricchi. Il padre ricco voleva che io e Mike comprendessimo bene soprattutto questo punto. Ci spiegava che l'idea delle tasse veniva divulgata, e fatta accettare dalla maggioranza, dicendo ai poveri e alla classe media che si creava l'imposizione erariale solo per punire le persone abbienti. Ecco perché le masse votarono a favore della legge e perché questa diventò legale, costituzionale. Benché intendesse punire i ricchi, in realtà essa finì per castigare gli stessi che l'avevano votata, i poveri e il ceto medio.

«Una volta assaggiato il gusto dei soldi, l'appetito dello Stato crebbe», diceva il padre ricco. «Io e tuo padre siamo agli antipodi. Lui è un burocrate statale, io un capitalista. Guadagniamo abbastanza, ma il nostro successo si misura in base a comportamenti opposti. Lui viene pagato per spendere e assumere la gente: più spende, più insegnanti assume e più si ingrandisce la sua organizzazione. Nel settore pubblico, più grande è un'organizzazione e maggiore è il rispetto di cui gode il capo. Per contro, nella mia organizzazione, meno persone assumo, meno soldi spendo, e più sono rispettato dai miei investitori. Ecco perché non mi piace chi lavora per lo Stato: ha sempre obiettivi diversi da quelli degli uomini d'affari. Se aumentano le organizzazioni statali, ci sarà bisogno di sempre più tasse per finanziarle».

Il padre istruito credeva sinceramente che lo Stato dovesse aiutare la gente. Sosteneva John F. Kennedy, in modo particolare l'idea dei Corpi della pace. Gli piacevano tanto che, insieme a mia madre, si recò come volontario in Malesia, Thailandia e Filippine. Come Provveditore agli studi, si impegnava sempre per ottenere maggiori sovvenzioni governative per poter assumere altri dipendenti, anche quando era a capo dei volontari all'estero. Questo era il suo lavoro.

Quando avevo dieci anni, il padre ricco cominciò a dirmi che i dipendenti pubblici non hanno voglia di lavorare, mentre il padre povero mi diceva che i ricchi erano persone avide che avrebbero dovuto pagare più tasse. Ognuno aveva le sue ragioni; ma per me, era difficile lavorare per uno dei più grandi capitalisti del paese e tornare a casa dal più eminente servitore statale. Non era facile sapere a chi dare retta.

Tuttavia, studiando la storia fiscale, si aprì un'interessante prospettiva. Come già detto, la creazione delle tasse fu possibile solo perché le masse erano state indotte a credere nella teoria economica di "Robin Hood", quella che prende soldi ai ricchi per distribuirli a tutti. Il problema è che l'appetito statale per i soldi crebbe al punto tale che in poco tempo divenne necessario imporre tasse anche alla classe media, con uno "stillicidio" continuo verso i ceti inferiori.

Ma i ricchi videro in ciò un'occasione. Essi non seguono le stesse regole. Come è noto, conoscevano già i vantaggi delle compagnie marittime, quelle che avevano fatto fortuna al periodo delle scoperte geografiche. I ricchi avevano creato aziende e società come mezzo per limitare il rischio dei beni investiti in ciascun viaggio. In pratica, avevano messo parte dei loro soldi per finanziare l'impresa. La società ingaggiava una ciurma per navigare verso il Nuovo Mondo e cercare tesori. Se la nave affondava, la ciurma perdeva la vita, mentre i ricchi avrebbero perso solo il denaro investito in quel viaggio. Il grafico seguente mostra come la struttura aziendale si situi al di fuori del conto Profitti e Perdite e dello Stato patrimoniale.

Come si comportano i ricchi

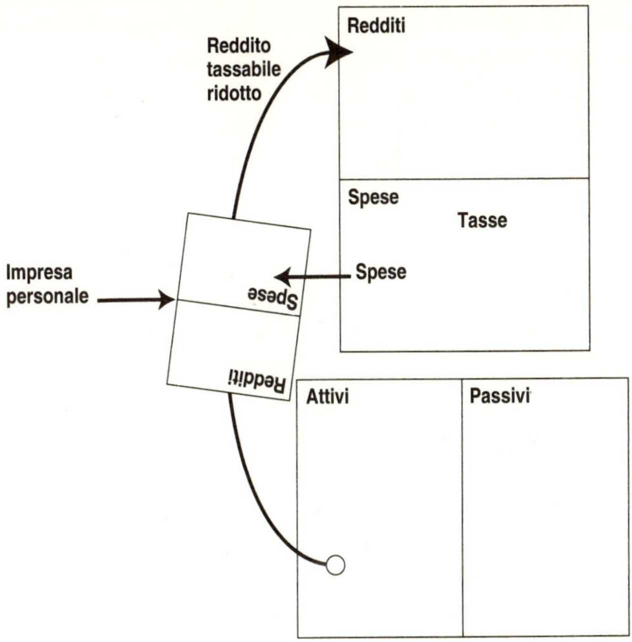

È la conoscenza del potere della struttura legale delle aziende a conferire ai ricchi il grande vantaggio sui poveri e sulla classe media. Avendo due padri (un socialista e un capitalista) a darmi lezioni, mi accorsi ben presto che la filosofia del secondo era finanziariamente più sensata. Mi sembrava che, alla fine, i socialisti penalizzassero se stessi a causa della loro carente istruzione economica. A prescindere dal grido di battaglia delle masse ("Prelevare dai ricchi"), i ricchi trovavano sempre la maniera di essere più furbi. Ecco perché furono imposte le tasse anche al ceto medio. I ricchi sono sempre più furbi degli intellettuali solo perché comprendono il potere del denaro, una materia che a scuola non si insegna.

Ma come hanno fatto i ricchi a spuntarla sugli intellettuali? Una volta promulgata la legge del "prelevare dai ricchi", il denaro ha cominciato ad affluire nelle casse dello Stato. All'inizio, i poveri erano contenti. Il denaro era consegnato ai dipendenti statali e ai ricchi. I primi lo ricevevano sotto forma di posti di lavoro e pensioni; i secondi attraverso le loro fabbriche che ottenevano contratti statali. Lo Stato divenne una grande riserva di denaro, ma il problema era come gestirlo a livello fiscale. Non c'era ricircolo. In altre parole, la politica dei burocrati consisteva nell'evitare di avere denaro in eccesso. Chi non riusciva a spendere tutti i finanziamenti, rischiava di perderli (nelle sovvenzioni successive) perché non veniva ritenuto efficiente. Gli uomini d'affari, invece, sono ricompensati se hanno eccesso di denaro e vengono per questo reputati efficienti.

Perpetuandosi questo ciclo progressivo di spese statali, aumentava il fabbisogno di denaro e si modificava l'idea di "prelevare dai ricchi", includendovi la necessità di tassare anche i redditi inferiori, quelli della gente (poveri e classe media) che aveva inizialmente votato per l'introduzione delle tasse.

I veri capitalisti usarono allora la loro sagacia finanziaria per trovare una scappatoia. Si rifugiavano sotto la protezione dell'azienda. Un'azienda protegge i ricchi. Ma quello che non sa chi non ha mai fondato un'impresa è che questa non è una cosa tangibile, bensì una cartella di documenti legali conservata nell'archivio di un avvocato, debitamente registrati presso un ufficio statale. Un'impresa non è un grande edificio con l'insegna della ragione sociale. Non è una fabbrica né il gruppo di persone che vi lavora. È solo un documento che crea un istituto legale amorfo. Così, era di nuovo possibile proteggere i soldi dei ricchi. Dopo la promulgazione delle leggi per la tassazione permanente del reddito, la pratica di fondare aziende divenne popolare perché l'aliquota sui proventi aziendali era inferiore a quella sui redditi individuali. Inoltre, come già detto, certe spese erano sostenibili usando denaro non ancora tassato esistente all'interno dell'azienda.

Questa guerra tra abbienti e non abbienti continua da secoli. È la massa (convinta di poter "prelevare dai ricchi") contro la plutocrazia. La battaglia infuria ogni volta che vengono varate delle leggi. Essa infurierà sempre. Il fatto è che i perdenti sono i disinformati, quelli che si alzano tutte le mattine per andare al lavoro e pagare diligentemente le tasse. Se solo capissero il modo in cui giocano i ricchi, potrebbero comportarsi analogamente anche loro. Allora, si metterebbero sulla strada dell'indipendenza finanziaria. Ecco perché rabbrividisco quando sento un genitore che suggerisce al figlio di applicarsi nello studio, ché poi troverà un posto fisso. Un impiegato con un lavoro sicuro, ma senza saggezza finanziaria, è perduto.

Oggi un americano medio lavora da cinque a sei mesi all'anno per lo Stato, cioè per pagare le tasse, prima di poter pensare ai suoi affari. A mio avviso, è troppo. Più lavora duro e più sovvenziona lo Stato. Ecco perché ritengo che l'idea del "prelevare dai ricchi" si sia ritorta contro la gente che l'ha sostenuta.

Ogni volta che si tenta di punire i ricchi, questi non solo si adeguano, ma reagiscono. Hanno denaro, potere e volontà di cambiare le cose. Non si limitano a subire e pagare sempre più tasse: cercano modi di minimizzare il fardello fiscale. Assumono bravi avvocati e commercialisti, convincono i politici a modificare le leggi, a creare scappatoie legali. Hanno le risorse per imporre i cambiamenti.

Negli Stati Uniti, la legge permette anche altre possibilità di risparmio sulle tasse. Questi mezzi sono adottabili da tutti, ma di solito solo i ricchi li sfruttano. Per esempio, il cosidetto 1031 è il codice (degli introiti fiscali) che consente a un venditore di differire il pagamento delle tasse su un immobile venduto per ricavare un utile (sul capitale) mediante scambio con un immobile più costoso. Gli immobili sono un mezzo di investimento che offre questi grandi vantaggi. Finché si fanno scambi di questo genere, si evitano le tasse sull'utile, fino alla liquidazione finale. Chi non sfrutta tali esenzioni, del tutto legali, perde una grande occasione di incrementare la sua colonna degli attivi.

I poveri e la classe media non possiedono le stesse risorse. Sono passivi e lasciano che le siringhe statali effettuino il continuo prelievo di sangue. Sono sempre sconvolto dal numero di persone che pagano più tasse, o effettuano minori deduzioni fiscali, solo perché hanno paura dello Stato. So quanto possano intimidire gli agenti delle tasse. Ho amici che hanno dovuto chiudere l'attività: poi si è scoperto che c'era stato un errore di calcolo erariale; così, lo Stato li ha distrutti. Ne sono consapevole. Ma lavorare da gennaio e metà maggio è un prezzo troppo alto per quel tipo di intimidazione. Il padre povero non ha mai reagito. Se è per questo, nemmeno il padre ricco: lui praticava un gioco più intelligente, e lo faceva attraverso le aziende, che sono il più grande segreto dei ricchi.

Forse ricordate la prima lezione che ho ricevuto dal padre ricco. Avevo nove anni e mi aveva fatto attendere finché non si è degnato di rivolgermi la parola. È accaduto più volte: mi lasciava in attesa, davanti al suo ufficio, a spazientirmi. Mi ignorava di proposito. Voleva che riconoscessi il suo potere, però desiderava che anch'io, un giorno, lo avessi. In tutti gli anni di apprendimento, mi ha ricordato sempre che la conoscenza è potere. E il denaro non fa eccezione: esso ci conferisce il potere che richiede la giusta conoscenza per mantenerlo e moltiplicarlo. Senza di essa, il mondo ci prende in giro. Il padre ricco diceva sempre a me e Mike che i più grandi prepotenti non erano il capufficio o caporeparto, ma gli agenti delle tasse. Il fisco è sempre pronto a pretendere di più se glielo permettiamo.

La prima lezione (non lavorare per i soldi, ma far lavorare il denaro per me) verteva in realtà sul potere. Se lavorate per la paga, lo delegate al vostro datore di lavoro. Se fate lavorare il denaro, tenete il potere nelle vostre mani.

Dopo averci ficcato in testa queste nozioni, il padre ricco voleva insegnarci a essere finanziariamente intelligenti. Per questo, occorre conoscere le leggi e capire come funziona il sistema. Chi è ignorante viene facilmente manipolato. Chi sa il fatto suo, ha possibilità di combattere. Ecco perché lui stesso retribuiva bene i suoi brillanti avvocati e commercialisti. Costava meno pagare loro che lo Stato. La sua miglior lezione, quella che ho usato più spesso, è: «Sii intelligente e vedrai che nessuno farà il prepotente con te». Lui conosceva le leggi perché era un cittadino che le osservava e perché era troppo costoso ignorarle. «Chi sa di essere dalla parte della ragione non ha paura di reagire», anche se ha di fronte Robin Hood e la sua allegra brigata.

Il mio istruitissimo padre mi incitava sempre a trovare un buon posto in un'azienda solida. Mi spiegava le virtù della "carriera da fare salendo progressivamente la gerarchia aziendale". Non capiva che, affidandomi solo alla busta paga, sarei stato una mucca docile pronta a farsi mungere.

Quando gli svelai il consiglio di mio papà, il padre ricco si mise a sogghignare. «Perché non possedere la gerarchia?» fu il suo unico commento.

Da ragazzo, non comprendevo ciò che il padre ricco voleva dire con possedere un'azienda in proprio. Mi sembrava arduo, se non impossibile. Sebbene l'idea mi galvanizzasse, l'età acerba non mi permetteva di immaginare che, un giorno, degli adulti avrebbero lavorato per me.

Il punto è che, se non fosse stato per il padre ricco, avrei probabilmente seguito i consigli del mio padre istruito. Sono stati i suoi ripetuti richiami, affinché coltivassi l'idea di comprare un'azienda, a mettermi sulla strada giusta. Verso i quindici, sedici anni ero ormai consapevole che non avrei tenuto conto di ciò che diceva il padre istruito. Ancora non sapevo come mi sarei mosso, ma ero determinato a non imitare i miei compagni di classe. Quella decisione mi ha cambiato la vita.

Solo intorno ai venticinque anni i consigli del padre ricco hanno cominciato ad apparirmi più chiari. Mi ero appena congedato dalla Marina e avevo iniziato a lavorare per la Xerox. Guadagnavo bene ma, ogni volta che guardavo la mia busta paga, ero deluso. Le trattenute erano enormi e più lavoravo più esse crescevano. Siccome avevo successo, il capo mi prometteva promozioni e aumenti di stipendio. Ne ero lusingato, ma mi sembrava di sentire il padre ricco che mi sussurrava all'orecchio: «Per chi lavori? Chi stai arricchendo?»

Nel 1974, mentre ero ancora alla Xerox, fondai la mia prima azienda, cominciando a "farmi i miei affari". Nella colonna dei miei attivi c'erano già alcuni beni, ma ero determinato ad accrescerli sempre più. Le ingenti trattenute sulla busta paga mi chiarivano sempre meglio i suggerimenti del padre ricco. Già immaginavo il futuro che mi aspettava se avessi ascoltato il padre istruito.

Molti imprenditori ritengono che, se dicessero ai loro dipendenti di farsi gli affari propri, le cose andrebbero male per tutti. Certo, per qualche individuo è così. Nel mio caso, invece, preoccuparmi dei miei interessi, sviluppando i miei cespiti, mi rendeva un impiegato migliore. Avevo un obiettivo da realizzare. Arrivavo presto in azienda, lavoravo con diligenza, accumulavo quanto più denaro possibile per reinvestirlo in beni immobili. Le Hawaii stavano attraversando un boom economico, si poteva davvero far fortuna. Più mi rendevo conto delle prospettive rosee e più apparecchi della Xerox vendevo. Più ne vendevo e più denaro accumulavo (e naturalmente mi venivano trattenute più tasse dalla paga). La cosa mi motivava. Volevo uscire dalla trappola dell'impiegato, per cui mi accingevo a lavorare di più, non di meno. Nel 1978 ero sempre tra i primi cinque venditori, spesso il numero uno. Volevo disperatamente sfuggire alla *Corsa del topo*.

In meno di tre anni guadagnavo di più con la mia società, una finanziaria di beni immobili, di quanto ricevessi dalla Xerox. E i soldi che aggiungevo nella colonna degli attivi della mia società lavoravano per me. Una cosa diversa dal bussare di porta in porta per vendere le copiatrici Xerox. I consigli del padre ricco si stagliavano sempre più per il loro valore. In breve, il *cashflow* delle mie proprietà era così grande da permettermi di comprare la prima Porsche. I colleghi venditori della Xerox pensavano che spendessi le mie commissioni. Errore. Avevo investito le commissioni in attivi.

I miei soldi lavoravano duro e mi fruttavano altri soldi. Ogni dollaro nella colonna degli attivi era un ottimo impiegato che mi rendeva, mi faceva acquistare nuovi dipendenti, permettendomi di comprare una Porsche con soldi non ancora tassati. Così, lavoravo ancor più di buona voglia per la Xerox. Il piano funzionava, la Porsche ne era la dimostrazione.

Applicando le lezioni impartitemi dal padre ricco, ho potuto sfuggire alla *Corsa del topo* del tipico impiegato rampante. Ho potuto farlo grazie all'intelligenza finanziaria acquisita. Senza tale intelligenza, la strada verso l'indipendenza economica si sarebbe rivelata molto più difficile. Oggi tengo seminari nella speranza di divulgare questo verbo. Ogni volta, ripeto che il quoziente di intelligenza finanziaria è composto dalla cultura in quattro settori principali.

1. La contabilità. Ciò che definisco l'ABC finanziario, un'abilità essenziale per chi vuole costruire un impero. Più denaro gestite e più accuratezza è richiesta, altrimenti crolla la casa. Siamo ancora nell'emisfero cerebrale sinistro, quello che si cura dei dettagli. L'ABC finanziario è la capacità di leggere e capire la contabilità, che a sua volta vi permette di individuare i punti di forza e le debolezze di ogni impresa economica.

2. Gli investimenti. Ciò che definisco la scienza del denaro che produce denaro. Qui sono implicate formule e strategie. Siamo nell'emisfero cerebrale destro, la parte creativa.

3. Capire i mercati. È la scienza della domanda e dell'offerta. Occorre conoscere gli aspetti "tecnici" del mercato, che sono influenzati dalle emozioni; nel Natale del 1996, i pupazzi *Tickle Me Elmo* sono stati un caso tecnico di mercato, cioè caratterizzato dall'emotività. L'altro fattore è il senso "fondamentale" o economico di un investimento, vale a dire se esso ha senso, oppure no, in base alle condizioni generali.

Molti ritengono che gli investimenti e la comprensione del mercato siano questioni troppo complicate per un ragazzo. Eppure, i ragazzi le afferrano intuitivamente. Per chi non conosce la storia, il pupazzo Elmo era un personaggio della serie televisiva Sesame Street che fu molto spinto come regalo di Natale. Molti genitori si chiedevano se la ditta produttrice tenesse intenzionalmente i pupazzi fuori dal mercato, pur continuandoli a pubblicizzare. A causa della grande domanda e scarsa offerta, si instaurò il panico. Non essendovi pupazzi disponibili nei negozi, gli speculatori accumulavano una piccola fortuna a scapito dei disperati genitori. Quelli più sfortunati che non erano riusciti a trovare il pupazzo furono costretti a comprare un altro giocattolo per Natale. L'incredibile popolarità dei *Tickle Me Elmo* mi lasciava indifferente, ma serve da esempio per capire l'economia della domanda e dell'offerta. Lo stesso vale per il mercato delle azioni, delle obbligazioni, dei beni immobili e delle figurine di giocatori di calcio.

4. La legge. Per esempio, fondare un'azienda incentrata sulle abilità tecniche di contabilità, investimento e mercato può contribuire a una sua crescita esplosiva. Un imprenditore capace di sfruttare le esenzioni fiscali e le protezioni legali di un'azienda può arricchirsi molto più rapidamente di chi fa l'impiegato o possiede una piccola impresa individuale. Vi è la stessa differenza tra chi vola e chi cammina. Anzi, a lungo termine la differenza si fa abissale.

1. Vantaggi fiscali: A differenza di una persona singola, una società può fare tante cose. Per esempio, pagare le spese prima delle tasse. Questo è un settore molto eccitante da gestire, ma prima di buttarvisi a capofitto converrà avere attivi di un certo livello. Un dipendente guadagna, viene tassato e cerca di vivere con ciò che gli resta. Un'azienda guadagna, spende tutto ciò che può e viene tassata su quello che resta. Questa è una delle scappatoie fiscali, del tutto legali, che usano i ricchi. È facile servirsene e costa anche poco se si possiedono investimenti che producono un buon *cashflow*. Per esempio, chi possiede un'azienda fa le vacanze durante le riunioni del consiglio di amministrazione che si tengono alle Hawaii. I costi per l'acquisto, l'assicurazione e la riparazione dell'auto sono a carico della ditta. L'iscrizione a un circolo salutistico è un costo aziendale. I pasti al ristorante sono parzialmente scaricabili. E così via (ma fatelo legalmente, con soldi non ancora tassati).

2. Protezione giudiziaria: Viviamo in una società litigiosa: tutti vorrebbero una parte dei nostri soldi. I ricchi li nascondono usando mezzi come le imprese e i monopoli per difendere i propri attivi dai creditori. Quando si cita un ricco in tribunale, di solito si va a sbattere contro un muro di avvocati, i quali riescono a dimostrare che in realtà l'accusato non possiede nulla. I ricchi controllano tutto, ma non possiedono niente. I poveri e la classe media cercano di possedere tutto, ma se lo fanno portare via dallo Stato e dai concittadini cui piace intentare causa contro chi ha soldi. Con questo libro non mi propongo di spiegarvi in dettaglio come si fa a possedere una società per azioni. Mi limito a dire che, se avete qualsiasi tipo di beni legittimi, fareste meglio a informarvi al più presto sui vantaggi e sulle protezioni legali di un'azienda.

Il quoziente di intelligenza finanziaria è in realtà un amalgama di parecchie qualità e talenti. Tuttavia, direi che le quattro abilità tecniche elencate sopra bastano per garantire la conoscenza di base. Se aspirate ad arricchirvi in modo considerevole, dovete abbinare le quattro qualità per acuire la vostra sagacia finanziaria.

Per riassumere

I ricchi che possiedono aziende	**La gente che lavora per le aziende**
1. Guadagnano	1. Guadagna
2. Spendono	2. Paga le tasse
3. Pagano le tasse	3. Spende

Nella vostra strategia finanziaria complessiva, vi raccomando caldamente di possedere un'impresa basata sui vostri attivi.

CAPITOLO VI
Quinta lezione:

I ricchi inventano il denaro

Ieri sera ho smesso di scrivere e mi sono messo a guardare un programma televisivo che raccontava la storia di Alexander Graham Bell. Il giovane Bell aveva da poco brevettato il telefono e si trovava in crescenti difficoltà, perché la domanda della sua invenzione era particolarmente alta. Aveva bisogno di una grande azienda che lo aiutasse, così si recò dal colosso del tempo, la Western Union, per chiedere se volessero comprargli il brevetto e la sua piccola impresa. Per tutto il pacchetto, voleva 100.000 dollari. Il presidente della Western Union gli rise in faccia, disse che il prezzo era assurdo e lo congedò. Il resto è storia. Da quell'evento è nata infatti la AT&T, una società multimiliardaria.

Al programma su Bell seguì il telegiornale. La prima notizia erano i licenziamenti di un'azienda locale. I dipendenti erano arrabbiati e si lamentavano dell'egoismo dei proprietari. Un manager licenziato, sui quarantacinque anni, aveva portato alla manifestazione di protesta la moglie e i due figli. Davanti alla fabbrica, chiedeva alle guardie di farlo passare: voleva conferire con i proprietari e implorare che lo riassumessero. Aveva comprato la casa da poco tempo e temeva di perderla. La telecamera mostrava in primo piano la sua disperazione, di modo che la vedesse tutto il mondo. Va da sé che non è sfuggita alla mia attenzione.

È dal 1984 che tengo lezioni e conferenze a livello professionale. Quest'esperienza mi piace, la trovo gratificante. Tuttavia, la cosa che mi inquieta è che incontro migliaia di persone con una cosa in comune: tutti hanno un incredibile potenziale, talenti e doni personali. Eppure, c'è una cosa che li limita: la mancanza di fiducia, da cui l'indecisione. Non è la scarsità di conoscenze tecniche a limitarli, ma l'irresolutezza. E qualcuno è più indeciso di altri.

Uscendo da scuola, quasi tutti sanno che nella vita non contano i voti o le lauree. Nella realtà extraccademica ci vuole qualcosa di più. Alcuni parlano di "coraggio", altri di "audacia", "faccia tosta", "palle", "spacconeria", "astuzia", "tenacia", "temerarietà" o "intelligenza". È questo fattore, chiamatelo come volete, a decidere del futuro personale, non la scuola.

Dentro ciascuno di noi vi sono queste qualità di coraggio, audacia e intelligenza. Ma vi è anche l'altra faccia della medaglia: la capacità di mettersi in ginocchio e di mendicare, se necessario. Dopo un anno in Vietnam, ho scoperto di avere dentro di me le due facce della medaglia e so che si equivalgono.

Tuttavia, come insegnante mi accorgo che la mancanza di fiducia è il peggior nemico del genio personale. Mi si spezza il cuore nel vedere corsisti che sanno la risposta ma non hanno il coraggio di agire in base a tale risposta. Nella realtà, spesso non sono i più bravi che vanno avanti, ma i più audaci.

Secondo la mia esperienza, il genio finanziario richiede sia coraggio sia conoscenze tecniche. Se prevale la paura, il genio muore. Durante le lezioni, incito sempre gli studenti ad assumersi dei rischi, a essere coraggiosi, a lasciare che il loro genio trasformi la paura in potere e intelligenza. Con alcuni ho successo, altri li spavento. Mi sono reso conto che la maggioranza, quando si tratta di denaro, preferisce giocare sul sicuro. Mi facevano domande del genere: «Perché prendere dei rischi?», «Perché dovrei preoccuparmi di sviluppare il mio quoziente di intelligenza finanziaria?», «Perché dovrei imparare l'ABC finanziario?»

Io rispondevo: «Per avere più opzioni e possibilità».

Ci sono grossi cambiamenti in vista. La storia del giovane inventore Bell dovrebbe servire da esempio: nei prossimi anni ci saranno altri personaggi come lui. Centinaia di innovatori come

Bill Gates e società in perenne sviluppo come la Microsoft. In tutto il mondo si creeranno nuove opportunità, ma ci saranno anche bancarotte, licenziamenti, ristrutturazioni aziendali.

Perché quindi sviluppare l'intelligenza finanziaria? Ognuno può rispondere solo per sé. Tuttavia, posso spiegarvi il mio punto di vista. Io lo faccio perché la cosa mi piace, mi eccita, rende piccante la mia vita. I cambiamenti mi affascinano, non ne ho paura. Preferisco fare milioni piuttosto che chiedermi perché non mi danno l'aumento. Il periodo storico che stiamo vivendo è particolarmente stimolante, molto più dei decenni passati. Le prossime generazioni si guarderanno indietro e diranno: che periodo eccitante era quello! Moriva il vecchio e nasceva il nuovo. Tutto era sottosopra e c'era la possibilità di divertirsi.

Perché quindi sviluppare il proprio quoziente di intelligenza finanziaria? Perché se lo fate vi arricchirete, e non poco. In caso negativo, vivrete i cambiamenti con terrore. Vedrete tanti che progrediscono grazie all'audacia mentre altri si terranno aggrappati al salvagente, che non si sa se funzionerà ancora.

Trecento anni fa la ricchezza era la terra: chi la possedeva era ricco. Dopo la Rivoluzione industriale, contavano le fabbriche e la produzione, e l'America ha assunto la leadership mondiale. Gli industriali erano ricchi. Oggi conta l'informazione: chi possiede quella più aggiornata è ricco. Sta di fatto che le notizie circolano alla velocità della luce. La nuova ricchezza non è ristretta in angusti confini, come lo erano terra e industrie. I cambiamenti saranno sempre più rapidi e traumatici. Ci sarà un notevole aumento di multimilionari. Ma anche tanti che rimarranno indietro.

Oggi incontro molte persone che hanno problemi e si ostinano a lavorare di più solo perché restano aggrappate a idee antiquate. Vogliono che le cose restino com'erano, fanno resistenza al cambiamento. Conosco gente che perde il lavoro e la casa, incolpando di ciò la tecnologia, l'economia o il capufficio. Purtroppo, non si accorgono che spesso il problema sono loro stessi. Le idee superate sono il loro maggior problema. Ieri quelle idee erano un vantaggio, oggi non lo sono più.

Una volta stavo insegnando gli investimenti mediante il gioco da me inventato, *Cashflow*. Un'amica aveva chiamato altre persone. C'era una signora che aveva divorziato da poco, le clausole del divorzio l'avevano delusa e stava cercando nuove risposte. La sua amica riteneva che la lezione potesse servirle.

Il gioco è strutturato in modo tale da insegnare a chi vi partecipa come funziona il denaro. Giocando, si impara il rapporto esistente tra il conto Profitti e Perdite e lo Stato patrimoniale: si vede come "il flusso di cassa" (*Cashflow*) tra i due determini la ricchezza personale. In pratica, la ricchezza dipende dall'incremento del *cashflow* mensile derivante dalla colonna degli attivi, così che esso superi le spese mensili. Fatto ciò, si esce dalla *Corsa del topo* e ci si immette sulla *Corsia finanziaria veloce*.

Come già detto, ad alcuni questo gioco non piace, altri lo adorano, altri ancora non ne vedono l'utilità. Quella donna non riuscì a imparare una lezione preziosa. Al primo giro vinse la carta con la barca. All'inizio era felice: «Che bello, ho vinto la barca!» Poi, però, quando la sua amica le spiegò come funzionavano le cifre, la signora disse che la matematica non le era mai piaciuta. Mentre tutti ascoltavano la relazione esistente tra *cashflow*, redditi, spese, attivi e passivi, la donna capì all'improvviso il funzionamento dei numeri e che la barca le stava portando via tutto il patrimonio.

Dopo la lezione, quella signora era particolarmente arrabbiata: era venuta per imparare qualcosa sugli investimenti e non le era piaciuto sprecare tempo.

L'amica le diceva di analizzarsi per vedere se il gioco "rispecchiasse" qualcosa dentro di lei. Invece lei richiese indietro i soldi della partecipazione. A suo avviso, l'idea che un gioco potesse riflettere il suo carattere era assurda. Le abbiamo restituito subito il denaro e se n'è andata.

Dal 1984, ho guadagnato molto facendo ciò che non fa il sistema scolastico. A scuola gli insegnanti danno lezioni teoriche spesso noiose.

Così, ho iniziato a insegnare con i giochi e le simulazioni: dicevo agli studenti (di solito tutti adulti) di riflettere su ciò che sapevano o che avevano bisogno di imparare. In qualsiasi gioco, ci si comporta in base al proprio carattere, ci si esprime. È un sistema rapido di *feedback*. Invece di avere un maestro che dà lezioni, il gioco ci impartisce un insegnamento personalizzato per mezzo della retroazione, fornendoci il cibo giusto per noi.

L'amica della donna insoddisfatta mi ha ritelefonato per aggiornarmi sulla situazione. Diceva che l'altra stava bene e si era calmata: tutto sommato, ammetteva di vedere una certa relazione tra il gioco e la sua vita.

Anche se lei e l'ex marito non possedevano una barca, avevano tante altre cose. Era arrabbiata per il divorzio, sia perché lui si era unito a una donna più giovane sia perché, dopo vent'anni di matrimonio, non avevano accumulato niente come attivo. In pratica, non avevano niente da dividere. Vent'anni di unione felice, ma nelle loro mani restava solo una gran quantità di ninnoli e paccottiglia.

Si era resa conto che la sua rabbia contro i numeri (dello Stato patrimoniale e del conto Profitti e Perdite) le derivava dalla sua incapacità di capirli. Aveva sempre creduto che le finanze famigliari dovessero essere appannaggio del marito. Lei mandava avanti la casa e curava i rapporti sociali, lui si preoccupava delle finanze. Era certa che, negli ultimi cinque anni di matrimonio, il marito le avesse nascosto dei soldi. In fondo, era arrabbiata con se stessa per non aver capito dove finiva il denaro di famiglia, oltre a non essersi accorta dell'altra donna.

Come nel gioco da me inventato, la vita ci offre sempre un *feedback* più o meno istantaneo. Se facessimo più attenzione, potremmo imparare molto da essa. Qualche tempo fa mi lamentavo con mia moglie che la lavanderia mi aveva ristretto i pantaloni. Sorridendo sotto i baffi, lei mi diede un colpetto allo stomaco per dirmi che avevo messo su la pancia!

Ho inventato *Cashflow* per dare ai giocatori un *feedback* personale, per offrire loro più opzioni. Se esce la carta con la barca e vi ritrovate indebitati, la domanda è: «Cosa posso fare ora?» Quante opzioni finanziarie potete escogitare? Questo è l'obiettivo del gioco: insegnare ai partecipanti a creare nuove possibilità finanziarie.

Ho osservato il comportamento di più di mille persone impegnate con *Cashflow*. Quelle che riescono a uscire dalla *Corsa del topo* più in fretta sono di solito le persone che capiscono i numeri e hanno una mentalità creativa in senso finanziario. Si accorgono delle opzioni esistenti. Quelli che ci mettono di più sono gli individui che non sanno maneggiare i numeri e spesso non comprendono l'utilità degli investimenti. I ricchi sono solitamente più creativi e disposti a correre rischi calcolati.

C'erano persone che giocavano a *Cashflow* e vincevano un sacco di soldi (nel gioco), ma non sapevano cosa farne. Molti di questi non avevano grande successo finanziario nemmeno nella vita. Anche se sono ricchi, sembra che tutti li precedano. E lo stesso accade nella realtà. C'è molta gente che ha soldi, ma non li mette a frutto.

Limitare le opzioni equivale a restare aggrappati a idee obsolete. Un mio vecchio amico di scuola svolge attualmente tre mestieri. Vent'anni fa era il più ricco dei miei ex amici di scuola. Quando venne dismessa la piantagione di zucchero, dovette chiudere anche l'azienda per cui lavorava. Dentro di sé, lui riteneva di avere una sola scelta, la vecchia idea del lavorare di più. Il problema è che non riusciva a trovare un posto che gli riconoscesse l'anzianità di servizio nella precedente occupazione. Così, adesso svolge tre lavori inferiori alla sua qualifica, dai quali riceve salari inferiori. Fatica tanto, ma sopravvive appena.

Ho visto certuni che giocavano a *Cashflow* lamentarsi del fatto che non gli capitavano mai le carte "giuste", con le occasioni adatte. Così, le aspettavano. Conosco della gente che, nella vita reale, si comporta allo stesso modo. Aspettano l'occasione "giusta".

Ho visto gente a cui veniva la carta "giusta", ma non aveva abbastanza soldi. Sono quelli che si lamentano di poter uscire dalla *Corsa del topo* se solo avessero più denaro. Così, aspettano. Nella vita reale, c'è chi fa lo stesso. Vedono le occasioni, ma non hanno soldi per attivarsi.

E c'è chi pesca carte con grandi occasioni, sa leggerle ma non ha idea di avere una grande opportunità. Possiedono i soldi, il tempo è giusto, hanno la carta, ma non vedono l'occasione che li fissa negli occhi. Così, non capiscono che essa potrebbe permettergli di uscire dalla *Corsa del topo*. Questi sono la maggioranza. Nella vita reale, a molti capita l'occasione giusta che potrebbe risolvere loro l'esistenza, ma non se ne accorgono. Se ne rendono conto un anno dopo, quando si sono arricchiti tutti gli altri.

L'intelligenza finanziaria consiste nel sapersi creare varie opzioni. Se non vi capitano le occasioni, cos'altro potete fare per migliorare la vostra posizione finanziaria? Se vi capita una chance improvvisa, ma non avete soldi e la banca non vi presta niente (non vuole neanche parlare con voi), che altro potete fare per sfruttarla? Se il vostro intuito sbaglia e ciò su cui contate non accade, come potete trasformare un fiasco in milioni? Questa è intelligenza finanziaria. Non ciò che accade, ma le diverse soluzioni finanziarie che potete escogitare per spremere milioni da un limone. È la vostra creatività nel risolvere guai finanziari.

Molti conoscono un'unica soluzione: lavorare duro, risparmiare e chiedere prestiti.

Perché, quindi, voler affinare l'intelligenza finanziaria? Per essere il tipo di persona che si crea la sua fortuna. Si prende ciò che capita e lo si rende migliore. Pochi si rendono conto che la fortuna va cercata e creata, come il denaro. E se volete aver più fortuna, creare soldi anziché lavorare di più, l'intelligenza finanziaria è importantissima. Se siete il tipo di persona che aspetta l'occasione "giusta", potreste anche attendere troppo. Sarebbe come aspettare che diventino contemporaneamente verdi le luci di tutti i semafori nel giro di cinque miglia prima di partire.

Da ragazzi, io e Mike sentivamo dire spesso al padre ricco che «il denaro non è reale». Lui ci ricordava come ci fossimo avvicinati molto all'essenza dei soldi il primo giorno che ci eravamo messi assieme, forgiando le monetine di piombo con gli stampini in gesso di Parigi. «I poveri e la classe media lavorano per i soldi», soleva dire. «I ricchi fanno i soldi. Più ritenete che essi siano veri e più duro lavorerete per averli. Se riuscite a capire che il denaro non è reale, non ci metterete molto ad arricchirvi».

«E che cos'è?» gli chiedevamo spesso io e Mike. «Cos'altro è se non è reale?»

«Ciò che concordiamo che sia», si limitava a rispondere il padre ricco.

Il bene più potente che abbiamo è la nostra mente. Se la esercitiamo bene, possiamo creare enormi ricchezze in un attimo. Molto più di quanto sognavano di fare re e regine trecento anni fa. Una mente pigra che contagia la famiglia può provocare uno stato di estrema povertà che si tramanda per generazioni.

Nell'attuale era dell'informazione, il denaro cresce in modo esponenziale. Certe persone diventano dei nababbi dal nulla, basandosi solo su idee e accordi. Chiedetelo a chi scambia azioni o altri beni di investimento: loro lo vedono tutti i giorni. A vôlte si fanno milioni dal nulla. Con nulla voglio dire che non si verificano passaggi di denaro. Basta un accordo: il cenno di una mano nel recinto delle "grida"; il segnale sullo schermo inviato da uno scambista di Lisbona a uno scambista di Toronto, e viceversa; una telefonata al mio agente con cui gli ordino di comprare e subito dopo vendere. Il denaro non è passato di mano in mano, solo i segnali. E gli accordi.

Perché, quindi, sviluppare il genio finanziario? Solo voi potete rispondere a questa domanda. Io posso spiegarvi perché l'ho fatto io: per fare soldi in breve tempo. Non perché ne abbia bisogno, ma perché lo voglio. È un processo di apprendimento molto affascinante. Perfeziono il mio quoziente di intelligenza finanziaria, perché desidero partecipare al gioco più rapido e grande del mondo. Nel mio piccolo, voglio far parte di questa evoluzione umana, che non ha precedenti storici: l'era in cui gli uomini lavorano solo con il cervello, non con il corpo. Inoltre, è qui la festa, la modernità, il divertimento e il brivido di paura.

Ecco perché investo nella mia intelligenza finanziaria e sviluppo il bene più produttivo che abbia. Voglio essere con la gente che determina il progresso. Non con chi resta indietro, abbarbicato al passato.

Addurrò ora un semplice esempio di come si inventa il denaro. All'inizio degli anni Novanta, la città di Phoenix attraversava un brutto momento economico. Guardavo alla televisione il programma "Good Morning America": un programmatore finanziario cominciò a prevedere lacrime e sangue, veri e propri disastri.

Il suo consiglio era: risparmiare denaro. Mettendo via cento dollari al mese, prometteva lui, nel giro di quarant'anni si sarebbe diventati multimilionari.

Risparmiare soldi ogni mese non è una cattiva idea, è una delle opzioni disponibili, quella che scelgono molti.

Il problema è che rende cieca la persona rispetto a ciò che le gira attorno. Così, perde le occasioni migliori per far fruttare i soldi che ha. Il mondo va avanti e quella persona non se ne accorge.

Come dicevo, allora l'economia era ai minimi livelli. Per gli investitori, però, si creava una perfetta condizione di mercato. Parte dei miei soldi era investita nel mercato azionario e parte in appartamenti.

Mi mancava il contante. Siccome tutti vendevano, io compravo. Non risparmiavo soldi, li investivo. Io e mia moglie avevamo più di un milione di dollari che circolavano in un mercato al rialzo, l'occasione migliore per investire. L'economia era orribile: non potevo farmi sfuggire le occasioni.

Le case da 100.000 dollari venivano vendute a 75.000 dollari. Tuttavia, invece di acquistarle presso le agenzie immobiliari, ho cominciato a comprarle negli uffici degli avvocati o nelle aste giudiziarie.

In questi posti ci sono i beni di chi è fallito, così un appartamento da 75.000 dollari lo potevo comprare a 20.000 dollari, anche meno.

Come anticipo, davo a un avvocato un assegno circolare da 2000 dollari, prestati da un amico per 90 giorni con interesse di 200 dollari.

Mentre si perfezionava l'acquisto, mettevo un annuncio su un giornale dicendo che vendevo a 60.000 dollari una casa da 75.000 dollari, senza anticipo.

Il telefono squillava continuamente. Scremavo gli acquirenti potenziali e, quando la proprietà diventava mia, permettevo loro di vedere la casa.

Era una scarica di adrenalina: la vendevo in pochi minuti.

Chiedevo 2500 dollari come rimborso spese, che mi concedevano volentieri, dopo di che facevo lavorare la società a cui avevo affidato la gestione dei titoli.

Restituivo i 2000 dollari al mio amico, più i 200 richiesti.

Lui era contento, il compratore della casa era contento, l'avvocato era contento e io ero felice.

Per 60.000 dollari avevo venduto una casa che me ne era costata 20.000.

Avevo creato 40.000 dollari con i soldi della colonna dei miei attivi sotto forma di pagherò cambiario ricevuto dall'acquirente.

Quantità di lavoro totale: cinque ore.

Perciò, ora che sapete leggere i numeri e siete finanziariamente alfabetizzati, vi dimostro perché questo è un esempio di invenzione del denaro.

40.000 dollari creati nella colonna degli attivi –
Soldi inventati e non tassati.
Al 10% di interesse –
Si sono creati 4.000 dollari all'anno in *cashflow*

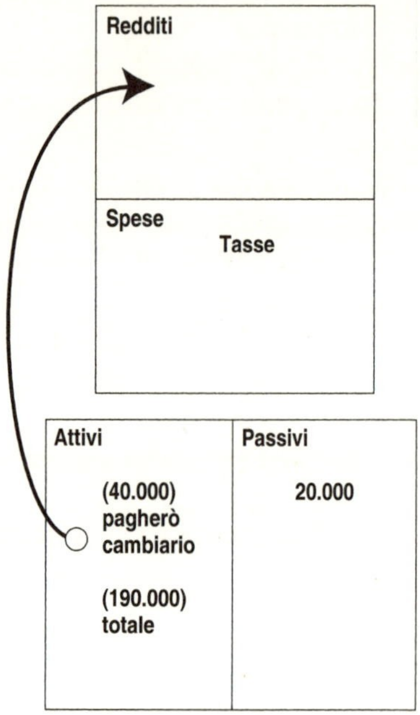

Durante la depressione del mercato, io e mia moglie abbiamo potuto compiere sei operazioni di questo genere nel tempo libero. Mentre il grosso dei nostri soldi era investito in azioni e proprietà ancor più grandi, siamo stati capaci di inventare 190.000 dollari di attivi (pagherò al 10% di interesse) con le sei transazioni di acquisto, creazione e rivendita. Ciò ammonta a circa 19.000 dollari all'anno di ricavo, in gran parte protetto dalla nostra azienda privata. Esso infatti ci è servito per pagare la auto aziendali, la benzina, i viaggi, le assicurazioni, le cene con i clienti e altre cose. Prima che lo Stato possa tassarci il reddito, lo spendiamo legalmente per pagare i costi di esercizio.

Risparmi –
Quanto ci vorrebbe per risparmiare 40.000 dollari e quanto costerebbe al 50% di tasse

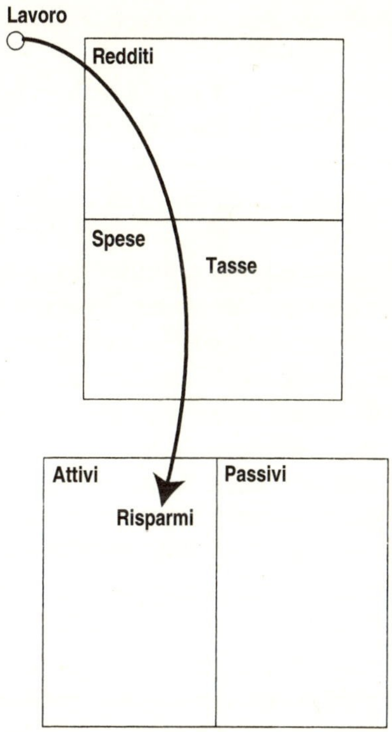

Questo è un semplice esempio di come si inventa, crea e protegge il denaro usando l'intelligenza finanziaria.

Chiedetevi quanto vi ci vorrebbe per risparmiare 190.000 dollari! La banca vi darebbe il 10% di interesse sui depositi? E il pagherò vale trent'anni. Spero che non mi paghino mai i 190.000 dollari. Se mi versano i soldi, devo pagare una tassa e, inoltre, 19.000 dollari pagati per trent'anni mi rendono più di 500.000 dollari.

Qualcuno mi domanda cosa succede se la persona non paga. Accade, ma è una buona notizia. Dal 1994 al 1997, il mercato immobiliare di Phoenix è stato uno dei più caldi della nazione. Quella casa da 60.000 dollari avrebbe potuto essere ripresa e rivenduta a 70.000, con altri 2.500 dollari chiesti come rimborso spese. Per il nuovo compratore, sarebbe stata ancora una transazione senza anticipo. E il processo potrebbe continuare.

Pertanto, se siete svelti, la prima volta che ho venduto la casa ho restituito i 2.000 dollari. Tecnicamente, non ho soldi nella transazione. Il mio rendimento sugli investimenti (ROI) è infinito. Un esempio di mancanza di denaro che produce un sacco di soldi.

Nella seconda transazione, rivendendo la casa, mi metterei 2.000 dollari in tasca e prolungherei il prestito per trent'anni. Quale sarebbe il rendimento sugli investimenti se ricevessi dei soldi per fare soldi? Non lo so, ma di sicuro più di un accantonamento di 100 dollari al mese, che in realtà inizierebbero da 150 perché è un reddito tassato per quarant'anni al 5%, da cui siete di nuovo tassati per il 5%. Non è intelligente. Sarà sicuro, ma non è furbo.

Mentre scrivo questo libro, nel 1997, le condizioni di mercato sono esattamente l'opposto rispetto a cinque anni fa. Il mercato immobiliare di Phoenix fa invidia in tutti gli USA. Le case che vendevamo a 60.000 dollari oggi ne valgono 110.000. Ci sono ancora preclusioni del diritto ipotecario, ma per cercarle dovrei dedicarci tempo e beni preziosi. Sono rare. Oggi ci sono migliaia di compratori che vogliono fare questi affari, di cui solo alcuni, però, hanno senso a livello finanziario. Il mercato è cambiato. È ora di muoversi, di cercare altre occasioni per rimpolpare la colonna degli attivi.

«Non puoi farlo qui», «È contro la legge», «Stai mentendo».

Mi sento rivolgere questi commenti molto più spesso di una semplice domanda: «Puoi spiegarmi come possa farlo anch'io?»

L'aritmetica è semplice. Non c'è bisogno di equazioni algebriche. Non ho neppure bisogno di scrivere, perché la società che mi gestisce gli atti si occupa delle transazioni legali e dei successivi pagamenti. Non ho tetti da riparare né gabinetti da sturare, perché lo fanno i proprietari. È la loro abitazione. A volte capita che qualcuno non paghi. Meglio così, perché ci sarebbero spese in più, oppure traslocano e vendo di nuovo la proprietà. Ci pensa il sistema giudiziario.

Forse la cosa non funziona nella vostra zona. Le condizioni di mercato potrebbero essere diverse. Ma l'esempio illustra come un semplice processo finanziario possa creare centinaia di migliaia di dollari partendo da zero e con pochi rischi. È un esempio di denaro che esiste solo negli accordi. Lo può fare chiunque abbia un diploma delle medie.

Tuttavia, molti non vogliono, si attengono al consiglio più comune: «Lavora duro e risparmia quanto più possibile».

Con appena trenta ore di lavoro ho inventato 190.000 dollari da inserire nella colonna dei miei attivi, senza pagarci tasse.

Cosa vi sembra più difficile e faticoso?

1. Lavorare duro, pagare il 50% di tasse, risparmiare ciò che resta. I risparmi vi renderanno poi il 5%, che saranno tassati ulteriormente.

Oppure:

2. Prendere il tempo necessario per acuire la vostra intelligenza finanziaria, sfruttare il potere della mente e la colonna degli attivi.

Aggiungeteci questa considerazione: quanto tempo vi ci vuole (tenuto conto che il tempo è il bene più prezioso che avete a disposizione) per risparmiare 190.000 dollari con la prima opzione?

Adesso capite perché scuoto la testa, e taccio, quando sento dei genitori dire: «Mio figlio va bene a scuola e riceve un'ottima istruzione». Sarà anche buona, ma è adeguata?

Sono consapevole del fatto che la strategia di investimento succitata è un esempio limitato. L'ho presentata per dimostrare il processo di sviluppo del denaro. Devo ripetere che il mio successo attesta l'importanza di avere una solida base monetaria, che ha le sue fondamenta in una valida istruzione finanziaria. Come già detto, e non guasta ribadire, l'intelligenza finanziaria si compone di quattro abilità fondamentali.

1. Alfabetismo finanziario. Saper leggere i numeri.
2. Strategie di investimento. La scienza del denaro che produce denaro.
3. Il mercato. Domanda e offerta. Alexander Graham Bell diede al mercato ciò di cui esso aveva bisogno. Lo stesso dicasi per Bill Gates. Anche la casa da 75.000 dollari, offerta a 60.000 dollari e costata 20.000 dollari, era il risultato dell'occasione colta in un mercato favorevole. Alcuni compravano, altri vendevano.
4. La legge. La consapevolezza delle norme e dei regolamenti statali e nazionali relativi alla contabilità e alle aziende.

Servono tali abilità, spesso abbinate, per riuscire ad arricchirsi; le evenienze particolari possono variare: compravendita di case, di appartamenti, di imprese, azioni, obbligazioni, fondi comuni di investimento, metalli preziosi, figurine di baseball, ecc.

Nel 1996 il mercato immobiliare aveva ripreso quota e volevano entrarci tutti. Quello azionario era in grande espansione e volevano entrarci tutti. L'economia americana si stava riprendendo. In quell'anno ho cominciato a vendere e ormai viaggiavo tra Perù, Norvegia, Malesia e Filippine. Gli investimenti erano cambiati. Per quanto concerne gli acquisti, ero uscito dal mercato immobiliare. Adesso osservo l'impennata dei valori nella colonna degli attivi e verso la fine dell'anno inizierò probabilmente a vendere. Dipende da certe correzioni legislative che sono al vaglio del Congresso. Penso di mettere sul mercato alcuni dei sei contratti immobiliari di cui parlavo, convertendo così in contante le cambiali da 40.000 dollari. Devo accordarmi con il mio commercialista per chiedergli di trovare il modo di metterle al sicuro.

Ciò che voglio sottolineare è che gli investimenti vanno e vengono, il mercato sale e scende, le economie migliorano o crollano. Il mondo ci offre sempre occasioni eccezionali, ogni giorno dell'anno, siamo noi che spesso non ce ne accorgiamo. Ma esse esistono. E più il mondo cambia, più le tecnologie cambiano, maggiori opportunità ci saranno per mettere finanziariamente al sicuro la nostra famiglia nelle generazioni a venire.

Perché quindi sviluppare l'intelligenza finanziaria? Di nuovo, potete saperlo solo voi. Io so che continuo a farlo per imparare e migliorare. Infatti, ci sono cambiamenti in vista. Preferisco accogliere il mutamento piuttosto che restare aggrappato al passato. So che ci saranno boom commerciali e crolli di mercato. Voglio continuare ad affinare la mia intelligenza finanziaria perché, ogni volta che crolla un mercato, ci saranno persone in ginocchio costrette a cercarsi un nuovo posto di lavoro. Altri, però, sfrutteranno gli insuccessi della vita (ci passiamo tutti) trasformandoli in successi monetari. Questa è intelligenza finanziaria.

Spesso mi chiedono come ho fatto a superare le battute d'arresto e ad arricchirmi. Di solito, esito a rispondere, perché temo di apparire vanitoso o comunque interessato a farmi pubblicità. Non è certo questa la mia intenzione. Uso qualche esempio di investimento solo come prova numerica e cronologica di fatti reali, affinché si sappia che è facile comportarsi così. Ed è tanto più facile quanto più si padroneggiano i quattro pilastri dell'intelligenza finanziaria.

Personalmente uso due mezzi principali per arricchirmi: i beni immobili e piccoli pacchetti azionari. I primi rappresentano la mia base. Giorno dopo giorno le mie proprietà producono un continuo *cashflow* e talora un notevole accrescimento finanziario. Le azioni a capitale limitato le uso per arricchimenti improvvisi.

Non pretendo di raccomandare tutto quello che faccio. Gli esempi valgono soltanto come punto di riferimento. Se l'occasione che intravedo è troppo complicata, lascio perdere. Semplici conteggi e buon senso è tutto ciò che serve per arricchirsi.

Esistono cinque ragioni per usare gli esempi.

1. Motivano la gente a imparare di più.
2. Le fanno sapere che è facile, purché la base sia solida.
3. Dimostrano che chiunque può diventare molto ricco.
4. Dimostrano che ci sono milioni di modi per realizzare i propri obiettivi.
5. Attestano che l'arricchimento non è una scienza difficile come astrofisica.

Nel 1989 andavo a fare jogging per tenermi in forma nella graziosa periferia di Portland, Oregon. Vedevo bellissime case monofamigliari dappertutto: erano un vero spettacolo. Mi aspettavo che da un momento all'altro da una o più di esse uscisse Cappuccetto Rosso per andare dalla nonna nel bosco.

Inoltre, c'erano un sacco di cartelli con la scritta "In vendita". Il mercato del legname era al ribasso, quello azionario era crollato e l'economia in cattive acque. In una stradina ho notato un cartello di vendita molto più vistoso degli altri. Sembrava vecchio. Qualche giorno dopo, passandoci davanti mi sono imbattuto nel proprietario della casa, che mi pareva turbato.

«Quanto vuole per la casa?» gli chiesi.

Lui mi sorrise incerto. «Faccia un'offerta», disse. «È da un anno che cerco di venderla. Ormai non viene più nessuno a guardarla».

«Do un'occhiata», replicai. Gli comprai l'immobile mezz'ora dopo per 20.000 dollari meno del prezzo che aveva fissato.

Era una villetta a due stanze, con vistose decorazioni alle finestre. Dipinta di blu con rilievi grigi, risaliva al 1930. All'interno aveva un bel camino di pietra e due stanzette linde. Una perfetta casa da affittare.

Diedi al proprietario 5.000 dollari di anticipo sui 45.000 accordati per una casa che ne valeva davvero 65.000, solo che nessuno voleva comprarla. Lui traslocò in una settimana, felice di essersene liberato e il mio primo inquilino (un professore universitario) vi si insediò subito. Dopo il pagamento del mutuo, delle imposte e delle spese di gestione, mi mettevo in tasca 40 dollari al mese, una somma poco eccitante.

Un anno dopo, il mercato immobiliare dell'Oregon cominciò a tendere di nuovo verso l'alto. Gli investitori californiani, pieni di soldi perché da loro le cose andavano ancora bene, si stavano attivando più a nord, comprando tutto quello che c'era sul mercato immobiliare dell'Oregon e del limitrofo Stato di Washington.

Vendetti la villetta per 95.000 dollari a una giovane coppia californiana che riteneva di aver fatto un affare. Misi il mio utile del capitale (circa 40.000 dollari) in uno scambio 1031 (con differimento fiscale) e andai alla ricerca di un altro investimento per questa somma. Dopo un mese trovai una casa con dodici appartamenti nei pressi della fabbrica della Intel, a Beaverton (Oregon). I proprietari vivevano in Germania, non avevano idea di quanto valesse l'ubicazione e anche loro volevano lasciare il posto. Offrii loro 275.000 dollari per un edificio che ne valeva 450.000. Loro tennero duro su 300.000 e ci accordammo. La comprai e la tenni per due anni. Usando lo stesso processo di scambio 1031, rivendetti l'edificio per 495.000 dollari e comprai trenta monolocali a Phoenix, Arizona. Nel frattempo ci eravamo infatti trasferiti a Phoenix, perché non ne potevamo più del clima piovoso, per cui avevamo bisogno di vendere. Come in precedenza nell'Oregon, il mercato immobiliare di Phoenix era in ribasso. Il prezzo dell'edificio di Phoenix ammontava a 875.000 dollari (di cui 225.000 come anticipo). Il *cashflow* dei trenta appartamentini produceva poco più di 5.000 dollari al mese. Il mercato dell'Arizona stava però riprendendo quota sicché, nel 1996, un investitore del Colorado ci offrì 1.200.000 dollari per l'intera proprietà.

Io e mia moglie propendevamo per vendere, ma decidemmo di aspettare: forse il Congresso avrebbe cambiato la legge sugli utili del capitale. In caso positivo la proprietà si sarebbe rivalutata di un altro 15-20%. Inoltre, i 5.000 dollari del *cashflow* mensile non erano disprezzabili.

Quest'esempio dimostra come una piccola somma possa mutarsi in un bel gruzzolo. Di nuovo, basta capire la situazione finanziaria, le strategie di investimento, avere senso del mercato e delle leggi. Chi non è portato per queste materie deve per forza seguire il dogma prevalente, che consiste nel coprirsi le spalle, diversificare il rischio e mettere i soldi solo in investimenti sicuri. Che però hanno un problema: sono "sterilizzati", cioè gli utili che danno sono di gran lunga inferiori.

Di solito, per proteggere se stesse e i loro clienti, le grandi agenzie di intermediazione non toccano le transazioni speculative. Questa è una politica prudente.

Gli affari migliori non vengono offerti ai novizi del ramo. Spesso i contratti più lucrativi sono riservati a chi capisce il gioco. È tecnicamente illegale offrire a chi è ritenuto poco "sofisticato" un contratto speculativo, ma naturalmente accade anche questo.

Più divento "sofisticato" e più occasioni mi capitano. Un altro motivo per affinare sempre l'intelligenza finanziaria è che così vi capiteranno più opportunità. E più sarete intelligenti in questo senso più vi sarà facile distinguere un affare positivo da uno negativo, o rendere positivo uno che non lo è. Più imparo (c'è sempre tanto da apprendere) e più soldi accumulo, semplicemente perché gli anni mi permettono di acquisire esperienza e saggezza. Ho degli amici che ancora giocano sul sicuro, impegnandosi nella loro professione e perdendo la possibilità di acquisire sagacia finanziaria, che ha bisogno di un certo tempo per maturare.

In fondo, la mia filosofia consiste nel piantare semi nella colonna degli attivi. È la mia formula: cominciare dal piccolo e seminare bene. Alcuni semi germinano, altro no.

Nella nostra società immobiliare abbiamo proprietà per diversi milioni di dollari. È il nostro REIT (fondo comune di investimento immobiliare). Devo però precisare che, all'inizio, gran parte di quei milioni erano piccoli investimenti da 5.000-10.00 dollari. Tutti gli anticipi pagati sfruttavano un mercato in rapida crescita, le esenzioni fiscali, gli scambi e le compravendite nel susseguirsi degli anni.

Possediamo altresì un portafoglio titoli, una società che io e mia moglie definiamo il nostro fondo comune di investimento. Abbiamo amici che trattano con investitori come noi e investono mensilmente il loro surplus di denaro. Noi compriamo aziende private ad alto rischio speculando sul loro prossimo ingresso nel mercato azionario americano o canadese. Un esempio di come ci si possa procurare rapidamente degli utili sono le 100.000 azioni acquistate a 25 centesimi l'una prima che l'azienda si faccia quotare in borsa. Sei mesi dopo, l'azienda è quotata e le 100.000 azioni valgono 2 dollari ciascuna. Se essa è amministrata bene, il prezzo continua a salire, fino a 20 o più dollari. Ci sono anni in cui i nostri 25.000 dollari aumentano fino a un milione.

Sapendo come muoversi, non è affatto una scommessa. È pericoloso se si investe denaro in un affare pregando che funzioni. Il trucco consiste nell'usare le conoscenze tecniche, la saggezza e l'amore per il gioco al fine di ridurre gli incerti e minimizzare il rischio. Ovviamente un certo pericolo esiste sempre. È l'intelligenza finanziaria a migliorare le possibilità. Così, ciò che è rischioso per una persona lo è meno per un'altra. Ecco perché incito sempre gli altri a investire di più sull'istruzione finanziaria che sulle azioni, sui beni immobili o su altri mercati. Più si è svegli e più si è in grado di invertire le probabilità contrarie.

Le azioni in cui investo sono molto rischiose per la maggioranza della gente e quindi non posso raccomandarle. È dal 1979 che indulgo in questo gioco e ho perso la mia parte, anche più del dovuto. Ma se capite perché questi investimenti appaiono rischiosi per molti potrete organizzare la vita in modo diverso, di modo che 25.000 dollari possano trasformarsi in un milione all'anno senza rischi per voi.

Come già notato, nulla di quello che scrivo vale come consiglio. È solo un esempio di ciò che è semplice e possibile. Quello che faccio è poco nel grande schema delle cose, eppure per un individuo medio avere un reddito di natura finanziaria superiore ai 100.000 dollari annuali è bello e non tanto complicato da realizzare. A seconda delle condizioni di mercato e dell'intelligenza personale, lo si può concretizzare in un periodo da cinque a dieci anni. Tenendo basse le spese vive, avere 100.000 dollari come proventi aggiuntivi non può che essere piacevole, a prescindere dal fatto se si mantiene un'occupazione. Potete anche farlo, oppure ritagliarvi del tempo per attivarvi e sfruttare il sistema fiscale invece di farvi dissanguare dalle tasse.

Io mi affido agli immobili. Mi piacciono perché sono stabili e poco mutevoli, mi aiutano ad avere basi solide. Il *cashflow* è continuo e, se gestito bene, ha ottime possibilità di apprezzarsi. Il bello della solidità immobiliare è che mi permette di rischiare un po' di più nelle speculazioni azionarie.

Se lucro grandi profitti nel mercato azionario, pago le mie tasse sull'utile del capitale così conseguito e reinvesto il rimanente in immobili, corroborando ulteriormente i miei attivi.

Un'ultima annotazione sui beni immobili. Ho viaggiato in tutto il mondo, insegnando a investire. Dappertutto mi dicono che non è possibile comprare case e terre a buon mercato. Eppure, la mia esperienza è diversa. Perfino a Tokyo e New York, magari nell'immediata periferia della città, ci sono affari trascurati da molti. A Singapore, dove i prezzi degli immobili stanno andando alle stelle, esistono occasioni da trovare nel raggio di pochi chilometri. Perciò, quando sento uno che dice: «Qui non si può fare», rispondo che la frase più giusta sarebbe: «Non so come farlo qui, però...»

Ci sono grandi occasioni sotto i vostri occhi. Potete scorgerle con l'occhio della mente. Molti non si arricchiscono mai semplicemente perché non sono abituati a riconoscere le opportunità esistenti.

Spesso mi domandano: «Come si fa a iniziare?»

Nel nono capitolo presenterò le dieci fasi che ho seguito per raggiungere l'indipendenza finanziaria. Tuttavia, ricordate sempre che è importante divertirsi. Questo è solo un gioco: a volte si vince, altre volte s'impara. Ma divertitevi! Molti non vincono mai perché hanno troppa paura di perdere. A scuola si impara che gli errori sono negativi, talvolta si viene perfino puniti per averli commessi. Per contro, la natura umana è fatta in modo tale che impariamo commettendo errori. Cadendo impariamo a camminare, l'unico modo per farlo. Lo stesso vale per la bicicletta: ho ancora le cicatrici sulle ginocchia, ma oggi so pedalare automaticamente. Analogamente dicasi per la ricchezza. Purtroppo, la ragione principale per cui molti non sono ricchi sta nel fatto che hanno una paura terribile di perdere soldi. I vincenti non temono di perdere; i perdenti sì. Il fallimento è una parte essenziale del processo che porta al successo. Chi evita di fallire evita anche la vittoria.

Io considero il denaro alla stregua delle mie partite di tennis. Gioco duro, commetto errori, li correggo, ne compio degli altri, mi ricorreggo e miglioro. Se perdo, mi avvicino alla rete, stringo la mano al mio avversario, sorrido e dico: «Ci vediamo il prossimo sabato».

Ci sono due tipi di investitori.

1. Il tipo più comune sono gli individui che comprano a pacchetto. Chiamano una società commerciale, per esempio un'agenzia immobiliare, un agente di borsa o un promotore finanziario, e comprano qualcosa. Può essere un fondo comune di investimento, un REIT (fondo comune di investimento immobiliare), un'azione o un'obbligazione. È un modo semplice e pulito di investire. Si comportano come quelli che si recano in una rivendita di computer scegliendone uno esposto sullo scaffale.
2. Gli investitori meno comuni sono quelli che creano investimenti. Di solito assemblano degli affari, più o meno come chi compra i componenti di un computer e li mette assieme. In un computer, io non saprei da dove iniziare. Ma so come abbinare le occasioni finanziarie che si presentano, e conosco gente che lo fa.

È il secondo tipo di investitore ad avere maggiori probabilità di diventare un professionista. A volte ci vogliono anni per mettere assieme tutti i tasselli e le competenze. Alcuni non si assemblano mai. Il padre ricco mi incoraggiava sempre a diventare questo secondo tipo di investitore. È importante imparare ad assemblare tutte le tessere, perché solo allora si intascano grossi proventi (ma si verificano enormi perdite in caso di inattesa bassa marea).

Se volete essere questo secondo tipo di investitore, dovete sviluppare tre qualità principali. Esse integrano quelle necessarie per diventare finanziariamente intelligenti:

1. Saper cogliere un'occasione mancata da altri: vedere con la mente ciò che altri non vedono con gli occhi. Per esempio, un mio amico aveva comprato una casa vecchia e fatiscente; sembrava abitata dai fantasmi. Tutti si chiedevano perché l'avesse acquistata. Lui si era però accorto che la vendevano con quattro appezzamenti di terreno libero. Lo aveva saputo da chi deteneva il diritto di proprietà. Dopo l'acquisto, fece demolire la baracca e rivendette i cinque lotti di terra a una società edile per una cifra tre volte superiore a quella che aveva sborsato per l'intero pacchetto. Così, guadagnò 75.000 dollari con due mesi di lavoro. Non è moltissimo, ma certo più di uno stipendio medio e non è tecnicamente difficile.
2. Come procurarsi denaro. La persona media si affida solo alle banche. Il secondo tipo di investitore deve sapere come procurarsi del capitale (esistono numerose maniere, da cui sono escluse le banche). Per iniziare, ho imparato a comprare case senza una banca d'appoggio. A essere impagabili non sono tanto le case quanto le capacità (apprese) di raccogliere denaro. Spesso la gente mi dice: «La banca non mi presterà i soldi» oppure: «Non ho soldi per comprare». Se volete essere un investitore (del secondo tipo), dovete apprendere a fare ciò che blocca la maggior parte delle persone. In altre parole, molti permettono che la mancanza di denaro impedisca loro di concludere un affare. Se riuscite a superare questo ostacolo, sarete molto più avanti di chi non impara mai tale capacità. Quante volte ho comprato una casa, delle azioni e degli apparta-

menti senza un dollaro in banca. Una volta, acquistai un edificio per 1.200.000 dollari "immobilizzando" il capitale con un contratto scritto tra compratore e venditore. Poi mi procurai un deposito di 100.000 dollari che mi dava novanta giorni di tempo per raccogliere il resto della somma occorrente. Per quale motivo? Perché sapevo che l'affare valeva 2 milioni di dollari. Non ho mai raccolto il denaro. La persona che mi aveva fornito i 100.000 dollari me ne ha dati 50.000 per aver scoperto l'affare, ha preso il mio posto e io mi sono ritirato. Tempo di lavoro totale: tre giorni. Di nuovo, conta più ciò che si sa di quello che si compra. Investire non significa comprare. È questione di cultura.

3. Come organizzare le persone intelligenti. I saggi assumono persone più intelligenti di loro, o sollecitano la loro collaborazione. Quando avete bisogno di consigli, assicuratevi di scegliere bene i vostri consiglieri.

C'è molto da imparare, ma le ricompense possono essere astronomiche. Se non desiderate approfondire la materia, vi basta essere il primo tipo di investitore, anzi ve lo raccomando cordialmente. La ricchezza maggiore è la propria cultura; il rischio più grande è quello che non si sa.

Il rischio esiste sempre, per cui imparate a gestirlo invece di evitarlo.

CAPITOLO VII
Sesta lezione:

Lavorare non per i soldi ma per imparare

Nel 1995 concessi un'intervista a un giornale di Singapore. La giovane giornalista arrivò puntuale e cominciò subito a pormi delle domande. Ci eravamo accomodati nell'atrio di un grande albergo, sorbivamo caffè e discutevamo dei miei impegni in città. Avrei tenuto una conferenza insieme a Zig Ziglar[1]: lui doveva parlare sulla motivazione e io sui "segreti dei ricchi".

«Un giorno mi piacerebbe essere una scrittrice di successo come lei», mi confessò la giornalista. In effetti, avevo letto alcuni suoi articoli e ne ero rimasto favorevolmente impressionato. Aveva uno stile limpido, diretto. Il lettore non poteva non farsene catturare.

«Lei scrive molto bene», dissi subito. «Cosa la trattiene dal realizzare il suo sogno?»

«Sembra che il mio lavoro sia in un vicolo cieco», replicò mesta. «Tutti dicono che i miei romanzi sono eccellenti, ma non succede nulla. Così, mi tengo stretto il mio impiego al giornale. Se non altro riesco a pagare le bollette. Mi può dare dei consigli?»

«Sì», dissi con piacere. «Qui a Singapore vive un mio amico che ha una scuola: tiene corsi di vendita per le più grandi aziende locali, comprese le società per azioni, e credo che se ne frequenterà uno la sua carriera ne sarà ottimizzata».

[1] Famoso autore motivazionale. Tra i suoi libri: *102 motivi per sorridere* (Gribaudi, Milano 1998); *I segreti del venditore* (Gribaudi, Milano 2001); *Scegli di sorridere ogni giorno* (Gribaudi, Milano 2002); *210 idee per pensare positivo* (Gribaudi, Milano 2004).

Si irrigidì: «Intende dire che dovrei tornare a scuola per imparare a vendere?»

Annuii.

«Non dice sul serio, vero?»

Annuii ancora. «Cosa c'è di sbagliato in questo?» avrei voluto rimangiarmi le parole. Lei era offesa da qualcosa e ormai mi stavo mordendo la lingua. Se volevo aiutarla, ero costretto a difendere il mio consiglio.

«Sono laureata e specializzata in letteratura inglese. Perché dovrei andare a scuola per imparare il commercio? Sono una professionista. Ho frequentato l'università per evitare di diventare una comune venditrice. Detesto il commercio e i venditori. Mirano solo ai soldi. Quindi, perché mai dovrei studiare le tecniche commerciali?» Stava già mettendo le sue cose in una valigetta. L'intervista era finita.

Sul tavolino, vicino al caffè, c'era la copia di un mio vecchio libro, un vero bestseller. L'ho presa insieme agli appunti che lei aveva vergato in fretta sul suo taccuino a righe. «Vede questo?» chiesi indicando i suoi appunti.

Lei abbassò lo sguardo sul taccuino. «Allora?» balbettò confusa.

Le feci notare l'intestazione: sul taccuino aveva scritto "Robert Kiyosaki, autore di bestseller".

«C'è scritto autore di bestseller, non ottimo scrittore».

Spalancò immediatamente gli occhi.

«Non sono bravo a scrivere, tutt'altro. Lei è un'ottima scrittrice. Io sono andato a scuola dai venditori. Lei si è meritata una laurea e una specializzazione. Metta insieme il tutto e vedrà la differenza tra un "autore di bestseller" e un'"ottima scrittrice"».

Lanciava fiamme con gli occhi. «Non mi abbasserò mai tanto da imparare a vendere. La gente come lei non appartiene al mondo degli scrittori. Io sono una letterata professionista e lei è un piazzista. Non è giusto».

Gettò via il resto degli appunti e si precipitò fuori della grande porta a vetri dell'albergo, sparendo nell'umida mattina.

Devo riconoscere che, il giorno dopo, la sua recensione sul giornale parlava di me in termini lusinghieri.

Il mondo pullula di persone intelligenti, piene di talento, istruite e dotate di tante qualità. Le incontriamo tutti i giorni, ne siamo circondati.

Alcuni giorni fa, la mia auto aveva dei problemi. Mi sono diretto verso un'officina e il giovane meccanico me l'ha riparata in pochi minuti. Aveva capito il guasto limitandosi ad ascoltare il rumore del motore. Ero sbalordito.

La verità è che il talento non basta.

Sono sempre scioccato da quanto poco guadagnino le persone di talento. L'altro giorno ho sentito dire che meno del 5% di americani ha un reddito annuale superiore a 100.000 dollari. Conosco persone istruite e intelligenti che non arrivano a guadagnare nemmeno 20.000 dollari. Un consulente commerciale del settore medico mi ha rivelato che molti dottori, dentisti e chiropratici sopravvivono appena. Io pensavo che, una volta laureati, si sarebbero arricchiti tutti. Lo stesso consulente ha pronunciato una frase fatidica: «Manca loro solo una sola qualità per la ricchezza».

Ciò significa che un gran numero di persone ha bisogno di imparare quella qualità, dopo di che il loro reddito salirà alle stelle. Ho già sottolineato che l'intelligenza finanziaria è una questione di sinergia tra ragionieria, investimenti, marketing e conoscenze legali. Abbinate tali abilità tecniche e non vi sarà difficile accumulare denaro. Per fare i soldi, molti sanno solo lavorare di più.

L'esempio classico della sinergia delle citate abilità è la giornalista appena menzionata. Se imparasse le leggi e le tecniche di mercato, il suo reddito migliorerebbe di sicuro. Se fossi lei, mi iscriverei, oltre che a corsi di vendita, a seminari di scrittura creativa per la pubblicità. Poi, invece di lavorare per il giornale, cercherei un posto in un'agenzia pubblicitaria. Anche se guadagnasse di meno, imparerebbe a comunicare con i "brevi messaggi" che si usano negli spot. Nel frattempo, dovrebbe migliorare anche nelle relazioni sociali, cosa che non guasta mai. Intanto, potrebbe fare milioni con la pubblicità elettronica. Poi, di sera e nei fine settimana scriverebbe il suo grande romanzo. Una volta finito, potrebbe venderlo e in breve tempo diventare un'autrice di bestseller.

Quando pubblicai il mio primo libro, "*Se vuoi essere ricco e felice, non andare a scuola!*", un editore suggeriva di cambiare il titolo in "L'economia dell'istruzione". Gli dissi che con quel titolo si sarebbero vendute due copie: una alla mia mamma, l'altra al mio miglior amico. Anzi, loro due lo avrebbero voluto come regalo. L'insolente titolo definitivo è stato scelto perché sapevo che avrebbe attirato molta attenzione. Io sono a favore dell'istruzione e propugno una riforma radicale. Altrimenti, perché insisterei tanto per cambiare il nostro antiquato sistema scolastico? Così, ho scelto un titolo che mi avrebbe fatto ottenere passaggi radiofonici e televisivi, proprio a causa della polemica che suscitavo. Molti mi ritenevano pazzo, ma il libro ha venduto molto bene.

Nel 1969, terminati gli studi nella Marina Mercantile americana, mio padre era felice. La Standard Oil californiana mi voleva assumere nella sua flotta di petroliere. Ero ufficiale in seconda, la paga era inferiore rispetto a quella dei miei compagni di classe, ma come primo lavoro non era affatto male. Mi davano circa 4.200 dollari all'anno, straordinari compresi, anche se avevo cinque mesi di ferie. Se avessi voluto, durante le ferie avrei potuto coprire il tragitto per il Vietnam con una compagnia consociata, raddoppiando i miei introiti.

Davanti a me si apriva una carriera rosea, senonché mi licenziai sei mesi dopo per arruolarmi nei Marines e imparare a volare. Il padre istruito era distrutto. Il padre ricco si congratulava con me.

A scuola e nel mondo del lavoro va per la maggiore l'idea della "specializzazione", cioè si ritiene che per arricchirsi o avanzare di carriera sia necessario specializzarsi. Ecco perché, dopo la laurea, i medici diventano specialisti (pediatri, ortopedici, ecc.). Lo stesso dicasi per i commercialisti, gli architetti, gli avvocati, i piloti e altri.

Il padre istruito aveva questa convinzione. Quando ottenne il dottorato di ricerca, era eccitatissimo. Diceva spesso che le scuole ricompensano chi studia su argomenti sempre più specifici.

Il padre ricco mi incitava a fare l'opposto. «Occorre sapere qualcosa su tante cose», era il suo consiglio. Ecco perché ho lavorato per anni in vari settori delle sue aziende. Per un certo periodo ho fatto esperienza nel suo ufficio amministrativo. Anche se non sarei mai diventato un ragioniere, voleva che imparassi per "osmosi". Lui sapeva che avrei adottato il "gergo" dell'ufficio e distinto ciò che è importante da ciò che non lo è. Poi ho fatto anche l'aiuto-cameriere e il muratore, oltre al venditore, al segretario e all'impiegato dell'ufficio marketing. Insieme a Mike, mi stavo "sgrezzando". Il padre ricco ci faceva infatti partecipare alle riunioni con i suoi banchieri, avvocati, commercialisti e agenti di cambio. Voleva che imparassimo i rudimenti di ogni settore del suo impero economico.

Quando mi licenziai dalla Standard Oil, il padre istruito mi prese di petto. Era sconvolto, non riusciva a capire la mia decisione di abbandonare una carriera che offriva un ottimo stipendio, grandi benefici accessori, parecchio tempo libero e possibilità di promozioni. Una sera, quando mi chiese: «Perché ti sei licenziato?» non riuscii proprio a spiegarmi. La mia logica non combaciava con la sua. Il fatto è che assomigliava più a quella del padre ricco.

Per il padre istruito la sicurezza occupazionale era tutto; per il padre ricco l'apprendimento era tutto.

Il primo pensava che fossi andato a scuola per diventare ufficiale di Marina. Il secondo che ci fossi andato per studiare commercio internazionale. Da studente, avevo navigato sui piroscafi per il trasporto merci, sulle petroliere e sui transatlantici che facevano la spola tra l'Oceano Pacifico e l'Oceano Indiano. Il padre ricco mi consigliava di rimanere nel Pacifico, di dimenticare l'Europa, perché sapeva che le "nazioni emergenti" erano quelle asiatiche. Mentre i miei compagni, incluso Mike, gozzovigliavano nella casa dello studente, io studiavo commercio, geografia umana, industria e cultura di paesi come Giappone, Taiwan, Tailandia, Singapore, Hong Kong, Vietnam, Corea, Tahiti, Samoa e Filippine. Anch'io mi stavo divertendo, ma non nella casa dello studente. Crescevo in fretta.

Il padre istruito non riusciva a capire perché mi fossi licenziato per arruolarmi nei Marines. Gli dissi che volevo imparare a volare, ma in realtà desideravo apprendere la capacità di comandare le truppe. Il padre ricco mi aveva spiegato che la parte più ardua della conduzione aziendale è la gestione delle risorse umane. Lui era stato tre anni nell'esercito; il padre istruito era stato esentato dal servizio militare. Il padre ricco mi diceva quanto fosse importante imparare a gestire gli uomini nelle situazioni più pericolose. «Quello che devi apprendere è la leadership», spiegava. «Se non sei un buon leader, ti sparano alla schiena, proprio come in guerra (e nel mondo degli affari)».

Nel 1973, tornato dal Vietnam, mi congedai dall'esercito anche se volare mi piaceva. Fui assunto dalla Xerox. Accettai per un motivo preciso, che esulava dai vantaggi economici. Ero timido e il pensiero di vendere era la cosa che più mi terrorizzava. La Xerox ha uno dei migliori programmi di addestramento per venditori di tutti gli USA.

Il padre ricco era fiero di me. Il padre istruito si vergognava di me; da intellettuale, riteneva che i venditori gli fossero inferiori. Rimasi alla Xerox per quattro anni, finché non imparai a vincere la paura di bussare alla porta della gente ed essere cacciato via. Quando fui capace di rientrare costantemente tra i primi cinque venditori dell'azienda, mi licenziai di nuovo abbandonando una grande carriera in prospettiva.

Nel 1977 formai la mia prima impresa. Il padre ricco aveva insegnato a me e Mike a rilevare le aziende altrui. Adesso dovevo imparare a fondarle, a metterle assieme. Il mio primo prodotto, i portafogli di nylon e velcro, era fabbricato in Estremo Oriente e spedito via nave in un magazzino di New York, vicino a dove ero andato a scuola. La mia istruzione formale si era completata, era ora che saggiassi le mie ali. Se avessi fallito, sarei stato al verde. Il padre ricco riteneva che, prima dei trent'anni, potessi ancora permettermelo. «Hai tempo per recuperare», diceva. Alla vigilia del mio trentesimo compleanno, partiva il primo carico dalla Corea a New York.

Oggi tratto ancora affari a livello internazionale e, come mi insegnava il padre ricco, tengo d'occhio le nazioni emergenti. Attualmente la mia agenzia di investimenti opera in America meridionale, Asia, Norvegia e Russia.

Dice una vecchia massima che il "lavoro equivale alla sopravvivenza". Purtroppo, possono attestarlo milioni di persone. Siccome la scuola non ritiene che l'intelligenza finanziaria sia preziosa, molti lavoratori "sopravvivono con lo stipendio", cioè riescono appena a pagare tasse e bollette.

Un altro orribile adagio occupazionale prevede che i lavoratori si impegnino a sufficienza per non essere licenziati, mentre gli imprenditori li stipendiano il tanto che basta perché non cambino lavoro. E se guardate i livelli retributivi delle aziende, mi sembra che vi sia della verità in quell'adagio.

La conseguenza è che molti dipendenti non progrediscono mai. Fanno quello che è stato insegnato loro: «Trovati un posto fisso». Numerosi operai si preoccupano della paga e delle altre gratifiche mensili, ma a lungo termine questo modo di ragionare è disastroso.

Per converso, io suggerisco sempre ai giovani di cercarsi un lavoro che insegni loro qualcosa e di dimenticarsi dei soldi. Dico loro di cogliere le occasioni per imparare le abilità di cui hanno bisogno prima di scegliere una professione specifica e rimanere intrappolati nella *Corsa del topo*.

Una volta intrappolati nell'infinita sequela del pagamento delle bollette, essi diventano come i criceti che girano nelle ruote metalliche delle loro gabbie. Sgambettano furiosamente con le zampette pelose, la ruota non si ferma mai; eppure, la mattina dopo ricominciano il processo: che lavoro!

Nel film *Jerry Maguire*, con Tom Cruise, ci sono delle splendide battute. La più memorabile è probabilmente: «Fammi vedere i soldi!» Ma ce n'è una che ritengo la più veritiera. Viene pronunciata nella scena in cui il protagonista lascia l'azienda. È stato appena licenziato e chiede a tutti i suoi colleghi: «Chi vuole venire con me?» Gelo totale. Solo una donna si alza per dire: «Mi piacerebbe, ma mi scatta una promozione fra tre mesi».

Forse è la frase più vera di tutto il film, la stessa a cui ricorre un sacco di gente per continuare a faticare così da essere sicura di poter pagare le bollette. So che il padre istruito si aspettava l'aumento ogni anno, ma veniva sempre deluso. Allora, tornava a studiare per specializzarsi ulteriormente e chiedere l'aumento, dopo di che seguiva un'altra delusione.

Spesso domando a chi partecipa ai miei corsi: «Dove vi sta portando la vostra occupazione quotidiana?» Dentro di me, mi chiedo se si rendano conto che, come il criceto nella gabbia, le loro fatiche non conducono a nulla. Cosa riserva loro il futuro?

Cyril Brickfield, ex direttore dell'American Association of Retired People, sostiene che «le pensioni private sono nel caos. Oggi, il 50% della forza lavoro non ha pensione. Ciò dovrebbe bastare per creare grandi preoccupazioni. E il 75-80% del rimanente 50% avrà assegni pensionistici ridicoli (da 55 a 150 o 300 dollari al mese)».

Quando parlo con adulti che vogliono guadagnare di più, raccomando sempre la stessa cosa: dico loro di ampliare la prospettiva vitale. Anziché lavorare solo per i soldi e la sicurezza economica, senz'altro importanti, consiglio di trovare un secondo lavoro per imparare una diversa qualità professionale. Magari collaborando con un'agenzia di marketing in rete (detta anche di multilevel marketing) e imparando a vendere. Alcune di queste agenzie hanno eccellenti programmi di istruzione che aiutano gli studenti a vincere paure e timidezze, le ragioni principali degli insuccessi commerciali. A lungo termine, l'istruzione conta più dei soldi.

Dicendo queste cose, spesso mi sento rispondere: «Troppo attivismo», oppure: «Voglio fare solo ciò che mi interessa».

Al primo commento replico: «Preferisci lavorare tutta la vita regalando il 50% dei tuoi guadagni allo Stato?» mentre al secondo: «Neanche a me piace andare in palestra, però ci vado perché mi interessa sentirmi bene e vivere più a lungo».

Purtroppo è vero il proverbio americano secondo cui "a un cane vecchio non è possibile insegnare giochi nuovi". Se una persona non è pronta a cambiare, è difficile che lo faccia.

Ma a chi è preparato all'idea di aggiornarsi, offro questa incoraggiante metafora: la vita assomiglia all'andare in palestra. Il momento più difficile è quello in cui si prende la decisione. Dopo di che, il passo è facile. Quante volte ho maledetto per pigrizia la decisione di essermi iscritto ma, dopo essere arrivato in palestra ed essermi attivato, è un vero piacere. Poi, alla fine degli esercizi, sono sempre contento di ciò che mi sono imposto.

Se proprio non volete imparare le novità e insistete a specializzarvi nel vostro campo, assicuratevi che l'azienda in cui lavorate sia sindacalizzata. I sindacati servono per difendere gli specialisti.

Dopo essere caduto in disgrazia con il governatore statale, il padre istruito è diventato segretario del sindacato docenti delle Hawaii. Mi diceva che era il lavoro più duro mai fatto. Per contro, il padre ricco ha sempre cercato di evitare i sindacati.

Personalmente, non me la sento di prendere partito su questo fatto perché vedo i vantaggi e le necessità di entrambe le posizioni. Se seguite la strada preparata dalla scuola, specializzatevi e cercate la protezione sindacale. Per esempio, se avessi continuato a volare, avrei cercato una compagnia aerea con un forte sindacato dei piloti. Perché? Perché la mia vita sarebbe stata dedicata a un perfezionamento valido in un solo tipo di industria. Se mi avessero licenziato, non avrei potuto cambiare settore professionale. Un pilota anziano, con 100.000 ore di volo commerciale e pagato 150.000 dollari all'anno, non potrebbe trovare un lavoro retribuito in modo equivalente, per esempio nella scuola. Le sue abilità non sono trasferibili da un settore all'altro perché ciò per cui è pagato lautamente non è altrettanto importante, per esempio, nel sistema scolastico.

Durante le mie lezioni a volte chiedo: «Quanti di voi sanno cuocere un hamburger meglio di McDonald's?» e quasi tutti i partecipanti alzano la mano. Allora proseguo: «Se lo sapete fare, come mai McDonald's è più ricco di voi?»

La risposta è facile: McDonald's è un eccellente conoscitore del sistema commerciale. Il motivo per cui molti individui di talento sono poveri è che imparano a cucinare gli hamburger, ma evitano di apprendere perfino i rudimenti della vendita.

Un mio amico hawaiano è un grande artista, guadagna anche un bel gruzzoletto. Un giorno, un avvocato gli telefonò per dirgli che sua madre gli aveva lasciato in eredità 35.000 dollari: era ciò che restava di un immobile dopo aver dedotto le tasse di successione e la parcella dell'avvocato. Il mio amico intravide l'occasione di migliorare la sua posizione usando quella somma per pubblicizzarsi. Due mesi dopo è comparso il suo annuncio in quadricromia su tutta la pagina di una rivista per persone facoltose. L'annuncio è stato pubblicato per tre mesi. Lui non ha avuto alcun riscontro e così tutta la sua eredità è svanita nel nulla. Adesso vuole querelare la rivista per "dichiarazione falsa".

Un caso esemplare di chi sa cucinare un hamburger, ma è ignorante a livello commerciale. Quando gli chiesi cosa avesse appreso dall'esperienza, disse solo che «i venditori di pubblicità sono degli imbroglioni». Allora gli domandai se voleva che gli dessi lezioni di tecniche di vendita. Replicò: «Non ho tempo né voglia di sprecare soldi».

Il mondo è pieno di persone talentuose ma povere. Troppo spesso navigano in un mare di guai finanziari o guadagnano meno di quanto potrebbero non a causa di ciò che sanno, ma di ciò che non sanno. Si concentrano a migliorare nel loro campo, a cucinare meglio gli hamburger, ma dimenticano di imparare a venderli e porgerli al cliente. Forse McDonald's offre panini mediocri, ma li vende nella maniera e nelle situazioni giuste.

Mio padre voleva che mi specializzassi: era convinto che così mi avrebbero pagato di più. Mi ha incoraggiato a farlo perfino dopo essere stato estromesso dalla carica istituzionale

(Provveditore agli studi) dal governatore delle Hawaii. In seguito, come già detto, ha perorato la causa del sindacato-docenti, impegnandosi per estendere i privilegi dei professionisti della pedagogia. Litigavamo spesso, ma non ha mai ammesso che l'eccessiva specializzazione è ciò che impone la necessità della protezione sindacale. Non ha mai capito che più ci si specializza più si è in trappola e si dipende dal perfezionamento conseguito.

Il padre ricco ha sempre consigliato a me e Mike di "sgrezzarci". Lo stesso fanno numerose aziende: scelgono i migliori studenti di una facoltà di Economia e li curano, li "ripuliscono", di modo che un giorno possano assumere il controllo dell'impresa. Così, questi giovani impiegati e funzionari non si specializzano in un solo settore; passano da un reparto all'altro, imparano tutti i segreti del sistema in cui sono inseriti. I ricchi "sgrezzano" i figli, o quelli degli altri, per prepararli a prendere il loro posto, insegnando loro tutte le operazioni di un certo sistema, con le compenetrazioni settoriali.

La generazione della Seconda guerra mondiale riteneva sbagliato cambiare spesso lavoro o passare da un'azienda all'altra. Oggi è un sintomo di intelligenza. Siccome molti, invece di specializzarsi, cambiamo lavoro, o azienda, imparare è meglio che guadagnare subito. A breve termine potreste perderci dei soldi, ma a lungo termine sarete ricompensati con proventi di gran lunga maggiori.

Le principali abilità gestionali necessarie per il successo sono le seguenti.

1. La gestione del *cashflow*.
2. La gestione dei sistemi (compresi il tempo con la famiglia e se stessi).
3. La gestione delle risorse umane.

Le abilità più importanti sono attinenti alla comprensione delle tecniche e strategie di vendita. È la capacità di vendere, e quindi di comunicare a un altro essere umano (cliente, dipendente, capufficio, coniuge o figlio), a formare la base del successo personale. Sono le abilità comunicative come la scrittura, la retorica e la contrattazione commerciale a rappresentare il punto cruciale per una vita soddisfacente. Io cerco di affinare sempre queste qualità, frequentando corsi, ascoltando nastri motivazionali o leggendo libri per ampliare le mie conoscenze.

Come ho detto, il padre istruito lavorava sempre di più quanto più si specializzava. In questo modo, però, si metteva da solo nella trappola del suo lavoro; benché gli aumentassero lo stipendio, diminuivano le sue scelte. Dopo esser stato licenziato dall'impiego statale, si rese conto di quanto fosse debole la sua posizione. Lo stesso succede agli atleti professionisti che si infortunano o sono troppo vecchi per la fatica fisica: non li vuole più nessuno, e sanno fare poche altre cose per sopravvivere. Credo che sia per questo motivo che, in seguito, mio padre si è impegnato tanto nelle organizzazioni sindacali. Aveva capito che avrebbero potuto dargli grandi vantaggi.

Il padre ricco incoraggiava me e Mike a sapere qualcosa su parecchie cose. Ci consigliava di interagire con persone più intelligenti di noi, formando gruppi di collaboratori intelligenti. Oggi si parla di "sinergie professionali".

Attualmente conosco un gran numero di ex insegnanti scolastici che guadagnano centinaia di migliaia di dollari all'anno perché si sono specializzati anche in altri campi. Sanno insegnare, ma anche vendere il loro servizio. Infatti, sapersi vendere e usare le tecniche di mercato sono le qualità più importanti. Molti hanno difficoltà a farlo perché temono di essere rifiutati. Più si sa comunicare, trattare e gestire la paura del rifiuto e più facile scivola la vita. Come dicevo alla giornalista che voleva diventare scrittrice, posso ripeterlo a chiunque altro: essere bravi in senso specialistico ha i suoi vantaggi, ma anche i suoi svantaggi. Ho degli amici veramente geniali che, però, non sanno comunicare con il prossimo e, di conseguenza, il loro reddito è penoso. Suggerisco loro di impegnarsi per un anno a imparare le tecniche di vendita. Anche se non introitano niente, miglioreranno le loro abilità comunicative. Una cosa impagabile.

Oltre ad essere ottimi studenti, venditori e ricercatori di mercato, dobbiamo essere bravi insegnanti. Per arricchirsi, è necessario saper dare e ricevere. In caso di guai finanziari o professionali, la causa sottesa è sovente la mancanza di questo interscambio. Conosco molta gente che è in difficoltà finanziarie perché non sa imparare né insegnare.

Entrambi i miei "padri" erano uomini generosi, che tendevano a dare prima di ricevere. Più spendevano e più ottenevano cose in cambio. Una vistosa differenza la si notava, però, nell'elargizione di denaro. Il padre ricco lo distribuiva generosamente: alla sua chiesa, alle organizzazioni di beneficenza, alla fondazione che aveva istituito. Sapeva che, per accumulare denaro, prima occorre elargirlo. La generosità finanziaria è il segreto di numerosi magnati. Ecco perché esistono organizzazioni come la Rockefeller Foundation e la Ford Foundation, le quali servono per gestire il sovrappiù e distribuirlo in eterno.

Il padre istruito diceva sempre: «Quando ho dei soldi in più, li do via». Il fatto è che non ne aveva mai abbastanza. Così, lavorava di più per guadagnare altri soldi invece di concentrarsi sulla legge basilare del denaro: «Dai e riceverai». Lui credeva in un altro motto: "Prima ricevi e poi dai".

Così, ho finito per assomigliare a entrambi. In parte sono un capitalista tutto d'un pezzo il quale ama il gioco del denaro che produce altro denaro. L'altra parte assomiglia all'insegnante socialmente responsabile che si preoccupa del divario sempre più ampio tra abbienti e non abbienti. Personalmente, ritengo che la colpa di tale divario sia da addebitare al nostro arcaico sistema educativo.

CAPITOLO VIII

Superare gli ostacoli

Dopo aver studiato per imparare l'ABC finanziario, occorrerà evitare gli ostacoli e rendersi economicamente indipendenti. Ci sono cinque motivi principali che impediscono a chi è già alfabetizzato di sviluppare una colonna delle attività, capace cioè di produrre un abbondante *cashflow* che gli permetta di realizzare il sogno della sua vita, anziché lavorare per pagare le bollette. Ecco i cinque motivi:

1. Paura
2. Cinismo
3. Pigrizia
4. Cattive abitudini
5. Arroganza

Motivo numero 1. Bisogna vincere il timore di perdere soldi. Non ho mai conosciuto nessuno a cui piacesse perderli. Inoltre, non ho mai conosciuto nessun ricco che non abbia perso del denaro. Per contro, ho incontrato parecchie persone in difficoltà che non hanno mai perso un centesimo, voglio dire, investendo...

La paura di perdere denaro è reale: tutti ce l'hanno, perfino i ricchi. Ma il problema non è la paura, bensì il modo di gestirla, e il modo di trattare la sconfitta. Nella vita, a fare la differenza è la maniera in cui si gestiscono i fallimenti e gli insuccessi. Ciò vale per ogni cosa: la differenza principale tra un ricco e un povero è la maniera di trattare tale paura.

È normale essere timorosi. Quando sono coinvolte delle somme di denaro, va bene essere anche vigliacchi: chi lo è ha sempre la possibilità di arricchirsi. Tutti siamo eroi in qualche situazione e codardi in altre. La moglie di un mio amico fa l'infermiera al Pronto soccorso. Appena vede il sangue, si attiva. Appena menziono la necessità di investire, scappa come un fulmine. Se vedo il sangue, io non scappo nemmeno, svengo.

Il padre ricco capiva bene le fobie finanziarie. «Alcuni hanno il terrore dei serpenti. Altri sono terrorizzati dall'idea di perdere soldi. Sono fobie entrambe», soleva dire. La sua soluzione per la seconda paura era la seguente: «Se detesti i rischi e le preoccupazioni... gioca d'anticipo».

Ecco perché le banche consigliano ai giovani di iniziare presto a risparmiare. Chi si abitua a farlo precocemente si arricchisce con facilità. Non mi dilungherò su questo argomento, ma è evidente che vi è una grande, strabiliante, differenza tra chi inizia a risparmiare a vent'anni e chi inizia a trenta.

Ho già notato che una delle meraviglie del mondo è la forza dell'interesse composto. Si dice che l'acquisto dell'isola di Manhattan sia stato uno degli affari più grandi di tutti i tempi. New York è stata comprata per 24 dollari (in carabattole e perline). Tuttavia, investendoli al tasso annuale dell'8%, nel 1995 quei 24 dollari avrebbero fruttato 28 trilioni di dollari. Adesso si potrebbe riacquistare Manhattan con i soldi che avanzano dall'acquisto di Los Angeles, specie con i prezzi che corrono sul mercato immobiliare del 1995.

Il mio vicino di casa lavora per una grande ditta di computer. Lo fa da venticinque anni. Tra un lustro lascerà la ditta con 4 milioni nel suo piano di pensionamento. Essi sono investiti in gran parte in fondi comuni di buon rendimento, che lui convertirà in obbligazioni e titoli di Stato. Andrà in pensione a cinquatacinque anni e avrà un *cashflow* di natura finanziaria superiore ai 300.000 dollari all'anno, più di quanto incassa oggi con il suo stipendio. Quindi, è possibile farlo, anche per chi detesta perdere o rischiare soldi. Però, occorre cominciare presto a stilare un piano pensionistico, magari assumendo un programmatore finanziario capace di guidarci.

Ma che fare se non si ha molto tempo a disposizione o si vorrebbe andare in pensione presto? Come gestire la paura di perdere soldi?

Il padre povero non faceva nulla. Evitava l'argomento, preferiva glissare.

Il padre ricco, invece, mi suggeriva di pensare come i texani. «Mi piace il Texas», ripeteva spesso. «Lì tutto è più grande. Quando vincono, i texani vincono molto. E quando perdono, lo fanno in modo spettacolare».

«A loro piace perdere?» insinuavo.

«Non dico questo. A nessuno fa piacere perdere. Mostrami uno che è contento di perdere e ti mostrerò un perdente», rispondeva lui. «Sto parlando dell'atteggiamento che tengono i texani di fronte al rischio, alla ricompensa e al fallimento. Del modo in cui gestiscono l'esistenza. Vivono alla grande. Non come molta gente di queste parti, che è attaccata ai soldi come scarafaggi al muro. Scarafaggi terrorizzati dal fatto che qualcuno possa illuminarli e che piangono se il commesso dei generi alimentari sbaglia a dar loro 25 centesimi di resto».

Il padre ricco continuava a spiegare.

«Ciò che mi piace dei texani è l'atteggiamento. Sono orgogliosi se vincono e si vantano se perdono. C'è un loro proverbio che dice: "Se devi perdere soldi, meglio ridursi sul lastrico". Nessuno vuole ammettere di essere al verde a causa di un modulo bifamigliare. Qui da noi molta gente teme talmente di perdere denaro che non ha nemmeno una casa con cui ridursi sul lastrico».

Il padre ricco diceva sempre a me e Mike che la ragione principale della mancanza di successo finanziario è l'abitudine a giocare troppo sul sicuro. «La gente ha tanta paura di perdere che finisce per perdere», erano le sue parole.

Fran Tarkenton, ex grande *quarterback* di football americano, esprime il medesimo concetto in un altro modo: «Vincere significa non aver paura di perdere».

Nella mia vita ho notato che la vittoria segue spesso la sconfitta. Prima di imparare ad andare in bicicletta, sono caduto parecchie volte. Non conosco un golfista di successo che non abbia perso almeno una partita. Non ho mai conosciuto persone innamorate che non abbiamo sofferto di delusioni d'amore in precedenza. E non ho mai incontrato un ricco che non abbia perso soldi.

Quindi, il motivo per cui molta gente non vince in senso finanziario è che la sofferenza insita nel perdere soldi è di gran lunga maggiore della loro gioia di arricchirsi. Un altro detto texano recita: «Tutti vogliono andare in Paradiso, ma nessuno vuole morire». Molti sognano le ricchezze, gli stessi che sono terrorizzati dalla possibilità di perdere denaro. Così, non giungono mai in paradiso.

Il padre ricco ci raccontava spesso dei suoi viaggi in Texas. «Se volete veramente imparare l'atteggiamento da tenere per gestire il rischio, le sconfitte e i fallimenti, andate a San Antonio e visitate Fort Alamo. Alamo è la storia di persone coraggiose che decisero di combattere pur sapendo di non aver speranza di successo; le probabilità erano troppo contrarie. Preferirono morire che arrendersi. È una storia motivante, degna di essere studiata; ciononostante, rimane una tragica sconfitta militare. Un fallimento, possiamo anche chiamarlo così. Hanno perso. Ma i texani come lo considerano? Ancora oggi dicono a voce alta: "Ricordate Alamo!"»

Io e Mike sentivamo parlare molto di questa storia: il padre ricco ce la menzionava ogni volta che trattava un grosso affare ed era nervoso. Dopo che aveva fatto del suo meglio e combinato diligentemente l'affare, o fallito, ce la raccontava di nuovo. Ogni volta che temeva di compiere un errore o perdere soldi la rielaborava. Gli dava forza, gli ricordava che avrebbe sempre potuto trasformare una perdita in guadagno finanziario. Lui sapeva che le sconfitte lo rendevano più forte e intelligente. Non che desiderasse perdere, solo che si conosceva bene e sapeva come avrebbe gestito la sconfitta: l'avrebbe usata per vincere la volta successiva. Ciò lo rendeva un vincente di fronte a tanti perdenti. Gli dava il coraggio di fare un passo in avanti quando gli altri retrocedevano. «Ecco perché mi piacciono i texani:

hanno mutato una sconfitta in un grande sito turistico visitato da milioni di persone», diceva.

Ma per me le sue parole più significative sono forse queste: «I texani non nascondono i loro insuccessi. Se ne fanno motivare. Li trasformano in grida di incitamento. Le sconfitte li ispirano a diventare dei vincenti. Questa formula e questo atteggiamento, però, non appartengono solo a loro, appartengono a tutti i vincenti».

Cadere dalla bicicletta mi ha insegnato a pedalare: ricordo che ogni caduta mi rendeva più determinato a imparare, non meno. I golfisti che vogliono diventare grandi professionisti non devono aver paura di perdere una partita o un torneo. Ciò deve infatti motivarli a migliorare, ad allenarsi di più, ad affinare lo studio del gioco. Così, supereranno le sconfitte. I vincenti si fanno ispirare dalle sconfitte. I perdenti si fanno abbattere dagli insuccessi.

Una citazione da John D. Rockefeller: «Ho sempre cercato di convertire un disastro in un'occasione favorevole».

In quanto nippoamericano lo sottoscrivo in pieno. Molti ritengono che Pearl Harbor sia stato un errore da parte degli USA. A mio avviso, è stato un errore dei giapponesi. Nel film *Tora, Tora, Tora,* un cupo ammiraglio giapponese dice ai suoi marinai esultanti: «Forse abbiamo svegliato un gigante che temo ci punirà». Il grido di riscatto degli americani era diventato: «Ricordate Pearl Harbor!» Esso trasformò la più grande batosta militare nella determinazione necessaria per vincere. La sconfitta corroborò la forza americana, dopo di che siamo diventati la più grande potenza mondiale.

Gli insuccessi demoralizzano i perdenti; i vincenti si fanno motivare dalle sconfitte. Questo è il segreto di chi sa imporsi, un segreto che i perdenti non conoscono. I vincenti sanno che le battute d'arresto ispirano le vittorie, perciò non si fanno spaventare da un insuccesso momentaneo. Di nuovo la frase di Tarkenton: «Vincere significa non aver paura di perdere». La gente come lui non teme di perdere perché è consapevole della propria identità. Detesta perdere, per cui sa che la sconfitta la spingerà a migliorarsi. C'è un'enorme differenza tra odiare di perdere e temere di perdere. Molti sono così timorosi di perdere soldi che li perdono. Si riducono sul lastrico per un modulo bifamigliare. Finanziariamente, giocano troppo sul sicuro e su piccole quote. Magari comprano grandi auto, ma investono poco. Il 90% degli americani ha problemi monetari perché gioca per non perdere, non per vincere.

Vanno dai loro commercialisti, dai loro agenti finanziari o di borsa e comprano un portafoglio titoli bilanciato. Molti hanno numerosi certificati di deposito, obbligazioni a basso rendimento, alcune azioni e fondi comuni scambiabili con altri fondi comuni. Un portafoglio sicuro e sensato. Ma non vincente. Tipico di chi gioca per non perdere.

Non fraintendetemi. Si tratta probabilmente di un portafoglio titoli migliore di quello posseduto dal 70% della popolazione, ma è questo a spaventarmi. Perché avere titoli bilanciati è meglio del non averne nessuno. Per chi ama la sicurezza, è una cosa eccezionale. Tuttavia, coprirsi le spalle e non "esporsi" non è il modo in cui si comportano i veri investitori. Chi ha pochi soldi e vuole arricchirsi deve, prima di puntare al "bilanciamento", cercare di focalizzare un obiettivo. Guardate le persone di successo: all'inizio non sono mai "equilibrate". La gente equilibrata non va da nessuna parte, si radica in un posto. Per procedere bisogna innanzitutto "esporsi", rompere l'equilibrio. Notate come funziona l'atto del camminare.

Thomas Edison non era equilibrato, ma concentrato. Bill Gates non era equilibrato, aveva un obiettivo. Donald Trump si focalizza sul suo scopo; lo stesso dicasi per George Soros. George Patton teneva allineati i suoi carri armati, li focalizzava sul nemico e così ha sfondato le linee di difesa tedesche. I francesi avevano lasciato ampi spazi nella Linea Maginot e sapete com'è andata a finire.

Se volete arricchirvi, dovete concentrare i vostri sforzi. Mettete molte uova in pochi panieri.

Se odiate perdere, giocate sul sicuro. Se perdere vi indebolisce, copritevi le spalle, cioè investite in modo bilanciato. Se avete più di venticinque anni e siete terrorizzati dai rischi, non cambiate. Giocate sul sicuro, ma non perdete tempo, cominciate subito. Conferite il prossimo uovo senza indugi perché ci vuole tempo affinché maturi.

Se invece sognate la libertà, e volete uscire dalla *Corsa del topo*, la prima domanda che dovete porvi è: «Come reagisco al fallimento?» Se la sconfitta vi rende più determinati a vincere, forse dovreste provarci, forse... Se la sconfitta vi indebolisce o vi innervosisce (come le persone viziate che chiamano l'avvocato e sporgono querela ogni volta che va loro storto qualcosa), allora giocate sul sicuro. Tenetevi stretto il vostro lavoro da dipendenti. Oppure comprate obbligazioni e fondi comuni di investimento. Ma ricordate che c'è un po' di rischio anche in questi strumenti finanziari, benché siano più sicuri.

Lo dico, citando sempre i texani e Fran Tarkenton, perché rimpolpare la colonna degli attivi è piuttosto facile. È un gioco da ragazzi, non ci vuole molta istruzione, basta l'aritmetica della quinta elementare. Ma rafforzare la colonna degli attivi è anche un gioco difficile: servono coraggio, pazienza e un'ottima disposizione verso le battute d'arresto. I perdenti le evitano. Gli insuccessi trasformano i perdenti in vincenti. Ricordate Alamo.

Motivo numero 2. Superare il cinismo. «Sta cadendo il cielo, sta cadendo il cielo», diceva Chicken Little, il pulcino protagonista del primo film di animazione della Disney, correndo verso ogni angolo dell'aia per avvisare dell'imminente disastro. Quante persone gli assomigliano! E poi, c'è un Chicken Little dentro ognuno di noi.

Come già detto, il cinico è un pulcino. Tutti diventiamo cinici quando la paura e i dubbi ci offuscano la ragione.

Ognuno di noi cova dei dubbi. «Non sono intelligente», «Non sono abbastanza bravo», «Il tal dei tali è meglio di me», ecc. Altri si fanno paralizzare dai dubbi, giocano al "cosa succederebbe se...?", «E se l'economia crollasse subito dopo che ho investito?», «Cosa succede se perdo il controllo e non riesco a rimborsare i soldi?», «Che accade se le cose non vanno come previsto?». Inoltre, ci sono amici e parenti che ci rammentano i nostri difetti senza che glielo chiediamo. Dicono: «Cosa ti fa credere di poterlo fare?», oppure: «Se è un'idea tanto brillante, come mai nessun altro ci ha pensato prima?», «Non funzionerà mai. Non sai quello che dici». Queste parole di sfiducia sono talmente fastidiose da bloccarci. Ci viene un orribile mal di stomaco. Alcuni non ci dormono la notte. Oppure rinunciano ad agire. Preferiscono giocare sul sicuro, perdendosi però le occasioni migliori. La vita passa loro davanti mentre siedono immobili con un peso sullo stomaco. Tutti ci siamo sentiti così una volta nella vita, qualcuno anche più di una.

Peter Lynch, diventato famoso per i fondi di investimento Fidelity Magellan, si riferisce al "cielo che cade" come a un "rumore" che ci ronza in testa.

Tale "rumore" lo creiamo da soli oppure ci viene dall'esterno. Spesso dagli amici, dai parenti, dai colleghi di lavoro e dai mezzi di comunicazione. Lynch fa notare che negli anni Cinquanta, quando incombeva la minaccia di una guerra nucleare, la gente costruiva rifugi antiatomici, facendo incetta di cibo e acqua. Se avesse investito i soldi sul mercato, invece di avere un rifugio antiatomico oggi sarebbe finanziariamente indipendente.

Alcuni anni fa, quando scoppiarono i disordini di Los Angeles, in tutto il paese crebbero le vendite di armi da fuoco. Nello Stato di Washington, una persona muore dopo aver mangiato carne al sangue, così che il Dipartimento Sanitario dell'Arizona ordina a tutti i ristoranti di cuocere bene la carne. Una società farmaceutica fa circolare in TV uno spot commerciale in cui si mostra la gente influenzata. Lo spot passa nel mese di febbraio. I raffreddori aumentano così come le vendite della medicina contro l'influenza.

Molti sono in difficoltà economiche perché, quando si tratta di investire, scoprono di essere come il pulcino che gridava nell'aia: «Il cielo sta cadendo, il cielo sta cadendo!» Il grido di spavento è efficace perché ognuno di noi, almeno in parte, è un pulcino. Spesso ci vuole grande coraggio per impedire che il rumore e i proclami di disastri imminenti facciano leva sui nostri dubbi e timori.

Nel 1992 il mio amico Richard venne da Boston a Phoenix per fare una visita a me e mia moglie. Era impressionato da quello che avevamo realizzato con azioni e beni immobili. Allora, il mercato immobiliare aveva prezzi bassi. Abbiamo passato due giorni a studiare le opportunità migliori per aumentare il suo *cashflow* e rivalutare il suo capitale.

Io e mia moglie non siamo veri agenti immobiliari, preferiamo investire in azioni. Tuttavia, dopo aver individuato una casa a schiera, con due stanze da letto, abbiamo telefonato all'agenzia, che l'ha venduta al mio amico il pomeriggio stesso. Il prezzo ammontava a 42.000 dollari. In centro, il prezzo medio per abitazioni simili era di 65.000 dollari. Avevamo fatto un affare. Richard ha comprato ed è tornato contento a Boston.

Due settimane dopo, l'agenzia ci ha richiamato per comunicarci che Richard aveva receduto dal contratto. Gli telefonai subito per chiedergliene il motivo. Si limitò a dirmi che ne aveva parlato con un vicino di casa, il quale riteneva che non fosse un affare conveniente. L'aveva pagato troppo.

Gli chiesi se il vicino fosse un esperto di investimenti. Richard disse di no. Allora, protestai che non doveva prestargli ascolto, ma il mio amico si mise sulla difensiva dicendo che voleva solo stare ancora alla finestra, in attesa di altre occasioni.

Il mercato immobiliare di Phoenix ebbe un'impennata e, nel 1994, quella casa rendeva un affitto mensile di 1.000 dollari (2.500 nei mesi invernali). Nel 1995 valeva 95.000 dollari. A Richard bastava anticipare 5.000 dollari e avrebbe avuto la possibilità di cominciare a uscire dalla *Corsa del topo*. Oggi, non ha ancora fatto nulla. A Phoenix ci sono sempre grandi affari da concludere, ma lui continua a stare alla finestra, scruta l'avvenire.

Tuttavia, il suo recedere dal contratto non mi sorprese più di tanto. Si chiama "rimorso del compratore", una malattia che colpisce più o meno tutti. Sono i dubbi che ci dilaniano. Il pulcino che vince, e la possibilità di rendersi liberi che perde.

Altro esempio: tengo una piccola parte delle mie attività in certificati con esenzioni fiscali invece che in certificati di deposito. Così, guadagno un interesse del 16% annuale, certamente superiore al 5% che danno le banche. Questi certificati sono legati a immobili e garantiti dallo Stato, che è meglio delle banche. La formula con cui li si acquista li rende sicuri. Però hanno scarsa liquidità. Li considero quindi depositi con scadenza da due a sette anni. Ogni volta che dico a qualcuno, specie se ha investito in certificati di deposito, che investo così i miei soldi, mi fa notare che è rischioso, che non dovrei farlo. Se gli chiedo come fa a saperlo, mi risponde che gliel'ha detto un amico o l'ha letto su una rivista di economia. Non ci ha mai provato, ma insiste a spiegare a uno che lo fa, perché non dovrebbe farlo. Il rendimento minore che mi aspetto è del 16%, mentre chi è pieno di dubbi è disposto ad accettare il 5%. Il dubbio costa.

Voglio dire che sono le esitazioni e il cinismo a tenere in povertà molta gente che gioca sul sicuro. Il mondo aspetta che ci arricchiamo. Solo i dubbi personali ci costringono alla povertà. Come detto, uscire dalla *Corsa del topo* è tecnicamente facile, non ci vuole tanta istruzione. Eppure, le incertezze paralizzano un sacco di gente.

«I cinici non vincono mai», spiegava il padre ricco. «Dubbi e paure incontrollate creano persone ciniche. I cinici criticano, i vincenti analizzano», era un'altra frase che ripeteva spesso. Affermava che le critiche accecano mentre l'analisi apre gli occhi. Chi analizza vede le occasioni che sfuggono agli altri. E cogliere ciò che sfugge agli altri è la chiave di ogni successo.

Le proprietà immobiliari sono un potente strumento di investimento per chiunque cerchi la libertà o l'autonomia finanziaria. Direi unico. Eppure, quando ne parlo, spesso mi si dice: «Non voglio riparare i gabinetti». Ecco cosa intendeva Lynch con "rumore" mentale. Il padre ricco avrebbe detto che era il cinismo a parlare. Parla così chi critica e non sa analizzare, o chi permette a dubbi e timori di offuscare il cervello.

Quindi, se qualcuno dice: «Non voglio riparare i gabinetti», mi viene la tentazione di replicare: «Cosa ti fa credere che io voglia farlo?» In fondo, chi si esprime così presume che il gabinetto sia più importante dei suoi desideri. Io parlo di libertà dalla *Corsa del topo* e lui pensa ai gabinetti. È questo modello mentale a tenere in povertà molti individui; criticano invece di analizzare.

«I "non voglio..." nascondono la chiave del successo», diceva il padre ricco.

Poiché nemmeno io voglio sturare i gabinetti, cerco di trovare un amministratore condominiale a buon mercato che lo faccia fare. Così, aumenta il mio *cashflow*. Inoltre, un ottimo amministratore mi consente di concentrarmi a comprare altre case invece di pensare ai gabinetti da sistemare. Un ottimo amministratore è cruciale per far soldi in questo settore. Per me, conoscerne uno nuovo è più importante degli appartamenti in sé. Infatti, i bravi amministratori vengono a sapere degli affari in vista molto prima delle agenzie immobiliari, il che li rende preziosissimi.

Ecco cosa voleva dire il padre ricco con «i "non voglio..." nascondono la chiave del successo». Siccome neppure io desidero riparare gabinetti, ho trovato il modo di acquistare più case e accelerare la mia uscita dalla *Corsa del topo*. Chi ripete di "non voler riparare i gabinetti" si nega l'uso di questo grande mezzo di investimento. Così, rende i gabinetti molto più importanti della sua libertà.

A proposito del mercato azionario, spesso sento dire: «Non voglio perdere soldi». Ma cosa fa pensare che a me o ad altri piaccia perdere soldi? Non si arricchisce perché decide di non perdere denaro. Invece di analizzare, chiude il cervello a un altro potente strumento di investimento, il mercato azionario.

Nel dicembre 1996 ero in macchina con un mio amico e passavamo di fronte al benzinaio del quartiere. Lui notò che il prezzo della benzina era aumentato. Devo dire che non è un cuor di leone, per lui il cielo cade sempre, come per il pulcino, e infatti spesso si fa schiacciare.

Arrivati a casa, mi mostrò le statistiche secondo cui il prezzo del petrolio sarebbe cresciuto per diversi anni consecutivi.

Non avevo mai visto quelle statistiche, sebbene possedessi già un discreto pacchetto di azioni di una compagnia petrolifera. In base alla notizia, cominciai subito a cercare una nuova compagnia sottovalutata che si stesse impegnando per trovare pozzi petroliferi. La individuai e il mio agente di borsa era eccitato come me: abbiamo comprato 15.000 azioni a 65 centesimi l'una.

Nel febbraio 1997 passavo con il mio stesso amico davanti allo stesso benzinaio e, certo, il prezzo al gallone era aumentato quasi del 15%. Di nuovo, il pulcino si lamentava e piagnucolava. Io ridevo, perché nel mese precedente la piccola compagnia petrolifera aveva trovato un nuovo pozzo e le mie 15.000 azioni valevano 3 dollari l'una più di quanto le avevo pagate. E, se le informazioni del mio amico sono esatte, il prezzo del petrolio continuerà a salire.

Invece di analizzare, il pulcino gli offusca la mente. Se la gente capisse come funziona uno "stop" nei mercati azionari, molti investirebbero meglio anziché investire per non perdere. Lo stop è semplicemente il comando di un calcolatore elettronico, premuto il quale si procede alla vendita automatica delle azioni quando comincia a scendere il loro valore, minimizzando così le perdite e massimizzando i guadagni. Una grande risorsa per chi ha il terrore di perdere.

Perciò, quando sento la gente che dice "non voglio..." invece di concentrarsi su ciò che preferisce, so che il "rumore" che ha in testa dev'essere molto alto. Il pulcino ha preso il sopravvento e il loro cervello sta gridando. «Cade il cielo e i gabinetti traboccano». Pur di non evitare le loro "fisime", sono disposti a pagare un prezzo enorme. Spesso nella vita non ottengono mai ciò che vogliono.

Il padre ricco mi ha così rielaborato la storia di Little Chicken. «Fai come il colonnello Sanders», diceva. «All'età di sessantasei anni, perse il suo lavoro e iniziò a vivere con la pensione sociale. Ma non gli bastava. Prese a girare per il paese vendendo la sua ricetta dei polli fritti. Gliela rifiutarono per ben 1009 volte prima che qualcuno la accettasse. Così, è diventato milionario a un'età in cui molti si congedano dal mondo. Era un uomo tenace e coraggioso», concludeva il padre ricco parlando di Harlan Sanders[1].

Pertanto, se avete dubbi e siete spaventati, fate come il colonnello Sanders con il suo pulcino: friggetelo.

Motivo numero 3. La pigrizia. Le persone indaffarate sono spesso le più pigre. Tutti sappiamo di quegli uomini d'affari che lavorano parecchio per arricchirsi. Lo fanno per la moglie e i figli. Rimangono per ore in ufficio, fanno gli straordinari e si portano le pratiche a casa, occupando così anche i fine settimana. Un giorno, tornano a casa e la trovano vuota: la moglie ha preso i figli e se n'è andata. Pur sapendo che la moglie aveva dei problemi, anziché impegnarsi per migliorare il rapporto, preferivano occuparsi del lavoro. Allora, si deprimono, le loro prestazioni scadono e perdono anche il posto.

Incontro spesso delle persone che sono troppo impegnate a diventare ricche. Altre troppo impegnate a curarsi della propria salute. La ragione è identica. Si tengono indaffarate per evitare cose che non vogliono affrontare: che nessuno si permetta di dirglielo! Ma, in fondo, dentro di loro, lo sanno. Infatti, a chi glielo ricorda reagiscono con rabbia e irritazione.

Se non sono impegnate con il lavoro o con i figli, sono occupate a guardare la televisione, a pescare, a giocare a golf o a fare le spese. Senonché, in coscienza sanno di evitare qualcosa di importante. Questa è la forma più diffusa di pigrizia: la pigrizia dell'impegno.

Qual è la cura per questa malattia? Un po' di desiderio.

«Le persone avide sono cattive», soleva dirmi la mamma. Eppure, tutti aspiriamo a possedere cose nuove e belle. Così, per tenere sotto controllo questo sentimento, i genitori cercano di sopprimercelo con il senso di colpa.

«Pensi solo a te stesso. Non sai di avere fratelli e sorelle?», era una delle frasi preferite di mia madre. Oppure: «Cosa vuoi che ti compri?», esclamava mio padre. «Credi che siamo fatti

[1] N.d.t.: fondatore della catena di ristoranti Kentucky Fried Chicken.

di soldi? Credi che i soldi crescano sugli alberi? Non siamo ricchi, lo sai».

A disturbarmi non erano tanto le parole quanto la rabbia e il senso di colpa che mi inculcavano.

Oppure mi colpevolizzavano in senso opposto: «Sacrifico la mia vita e ti compro questo. Lo faccio perché io da piccolo non ho mai avuto niente». Ho un vicino di casa che è nei debiti fino al collo, ma non può parcheggiare la macchina in garage: è occupato dai giocattoli dei bambini. Li ha viziati e asseconda tutte le loro richieste. «Non voglio che si sentano privati di qualcosa», ripete continuamente. Non mette da parte niente per la sua pensione o per iscrivere i figli all'università, ma adesso loro hanno tutti i giocattoli del mondo. Recentemente, ha accettato una nuova carta di credito speditagli per posta e ha portato i figli in vacanza a Las Vegas. «Lo faccio per loro», dice con espressione da martire.

Il padre ricco proibiva la frase: «Non posso permettermelo».

A casa mia, la sentivo sempre. Lui invece voleva che i figli pensassero: «Come posso permettermelo?» A suo avviso, il pensiero di non potersi permettere una cosa blocca il funzionamento cerebrale: la mente smette di pensare. Per contro, cercare un modo per permettersi una cosa apre le possibilità mentali, ci costringe a riflettere, a trovare soluzioni.

Ma soprattutto lui riteneva che "non posso permettermelo" sia una bugia. Dentro di noi lo sappiamo. «Lo spirito umano è molto, molto potente», diceva il padre ricco. «Sa di poter realizzare qualsiasi cosa». Avere una mente pigra che dice: «Non posso permettermelo» scatena una guerra interna. Lo spirito si irrita mentre la mente oziosa difende la sua menzogna. Lo spirito si ribella: «Forza, andiamo in palestra e facciamo gli esercizi», la mente pigra ribatte: «Sono stanca, ho lavorato molto oggi». Oppure lo spirito protesta: «Sono arcistufo della mia situazione. Usciamo e arricchiamoci», mentre la mente pigra accampa scuse: «I ricchi sono avidi; e poi, è troppo fastidioso. Non è sicuro. Potrei perdere soldi. Lavoro già tanto adesso. Ho tanto da fare con il mio normale mestiere. Guarda quello che ho fatto stasera. Il capufficio vuole che lo finisca entro domattina».

Inoltre, la filosofia del "non posso permettermelo" rattrista, crea una sensazione di impotenza che porta all'apatia e allo scoraggiamento. Chiedersi come potersi permettere una cosa apre nuove possibilità, eccita e fa sognare. Spinge all'azione. Perciò, il padre ricco non si preoccupava se volevamo comprare qualcosa, bastava che ci ponessimo la domanda giusta, spremendo le meningi e attivando lo spirito.

Così, non regalava quasi niente a me e Mike. Ci chiedeva: «Come potete permettervelo?», riferendosi anche all'università, che ci siamo pagati da soli. Non voleva che ci fissassimo sull'obiettivo, ma sul processo per raggiungerlo.

Mi sembra che oggi milioni di persone si sentano in colpa per la loro avidità. Torna a galla il condizionamento che hanno subìto da piccoli. Certo, aspirerebbero alle cose migliori della vita, a quelle più belle, ma dal loro subconscio affiora un'antica voce: «Non puoi averlo», «Non potrai mai permettertelo!»

Quando decisi di uscire dalla *Corsa del topo*, la domanda che mi stimolava era semplice: «Come posso permettermi di non lavorare più?» Dentro di me, scartavo ogni soluzione che mi veniva in mente; i momenti più difficili erano quando mi ricordavo delle parole dei miei genitori: «Non possiamo permettercelo», «Smettila di pensare solo a te stesso», «Perché non pensi anche agli altri?», tutti dogmi instillati per colpevolizzarmi ed eliminare il mio egoismo.

Che fare, quindi, per sconfiggere la pigrizia? La risposta sta nel coltivare una piccola dose di avidità, nel domandarsi: «Cosa c'è nella vita per me?» Una persona dev'essere un po' egoista e chiedersi: «Cosa posso ottenere dalla vita se sono in buona salute, attraente e affascinante?», «Come sarebbe la mia vita se non fossi più costretto a lavorare?», «Cosa farei se avessi tutti i soldi di cui ho bisogno?» Senza un po' di desiderio delle cose migliori, non c'è progresso. Il mondo va avanti perché tutti desideriamo un'esistenza migliore. Frequentiamo la scuola e studiamo duro perché vogliamo il meglio per noi. Così, quando vi accorgete di evitare una cosa che dovreste fare, basta che vi chiediate: «Che cosa ne ricaverò?» Siate un po' avidi, è la cura adatta per la malattia della pigrizia.

In compenso, troppa avidità, come ogni eccesso, è un male. Ma ricordate ciò che diceva Michael Douglas in *Wall Street*: «L'ingordigia è positiva». Il padre ricco si esprimeva in questo modo: «Il senso di colpa è peggio dell'avidità. Esso infatti ruba l'anima al corpo». Per me, è stata Eleanor Roosevelt a definire la questione una volta per tutte: «Fate ciò che ritenete giusto nel profondo del vostro cuore, tanto sarete comunque criticati. Sarete maledetti se lo fate, e maledetti se non lo fate».

Motivo numero 4. Le abitudini. Più dell'istruzione che abbiamo ricevuto, la nostra vita riflette le abitudini che abbiamo preso. Dopo aver visto *Conan*, con Arnold Schwarzenegger, un mio amico ha detto: «Mi piacerebbe avere un corpo scolpito come il suo». Gli altri amici, tutti uomini, annuivano.

«Ho sentito dire che una volta lui era gracile e imbelle», aggiungeva un altro della compagnia.

«Sì, l'ho sentito anch'io», confermava uno. «Adesso frequenta abitualmente la palestra».

«Certo, immagino che faccia così».

«No», obiettava il cinico del nostro gruppo. «Scommetto che è nato così. Ma basta parlare di Schwarzenegger, ordiniamo le birre».

Ecco un esempio dell'abitudine che prevale sul comportamento. Ricordo che chiedevo al padre ricco quali fossero le consuetudini dei ricchi. Invece di rispondermi in modo diretto, voleva che imparassi dall'esempio, come al solito.

«Quand'è che tuo padre paga tasse e bollette?» mi chiedeva.

«Il primo del mese», gli rispondevo.

«E gli resta qualcosa?» ribatteva lui.

«Molto poco», ammettevo.

«Ecco perché ha problemi finanziari», concludeva. «Ha cattive abitudini. Tuo padre paga prima di tutto gli altri. E, se rimane qualcosa, lo tiene per sé».

«Di solito, ci resta poco», confermavo. «Ma deve pur pagare le bollette, o no? Vuoi dire che deve evadere le tasse?»

«Naturalmente no», spiegava il padre ricco. «Mi riprometto sempre di pagare le bollette entro la scadenza. Però, prima, pago me stesso. Ancor prima dello Stato».

«Ma che succede se non ti bastano i soldi?» obiettavo. «Che si fa in quel caso?»

«Lo stesso», precisava lui. «Prima pago me stesso. Anche se ho pochi soldi. Per me, la colonna dei miei attivi è molto più importante dello Stato».

«Ma non ti perseguono?» chiedevo stupito.

«Sì, se non pago», esclamava. «Non ho mica detto di evadere le tasse. Ho solo detto che prima penso a me stesso, anche se ho pochi soldi».

«E come fai?»

«La domanda non è "come", ma "perché"».

«Va bene: perché?»

«Per la motivazione», esultava il padre ricco. «Chi credi che farà più chiasso se non pago i miei creditori, io o loro?»

«Sicuramente loro», dicevo con palese ovvietà. «Se non paghi te stesso, te ne starai zitto».

«Giusto; quindi, dopo aver pagato me stesso, la pressione per assolvere le tasse e gli altri debiti è talmente forte da indurmi a cercare altre forme di reddito. Tale pressione diventa la mia motivazione ad agire. Ho accettato secondi lavori, fondato imprese, giocato in borsa, ho fatto di tutto per impedire che i creditori mi inseguissero. La motivazione mi ha indotto a lavorare di più, mi ha costretto a pensare e, tutto sommato, mi ha reso più attivo e intelligente, specie nelle questioni inerenti al denaro. Se mi fossi pagato per ultimo, non avrei avvertito alcuna pressione, ma sarei al verde».

«Di conseguenza, è la paura dello Stato o dei creditori a motivarti?»

«Esatto», ammetteva lui. «Vedi, gli agenti delle tasse sono dei prepotenti. Tutti i creditori lo sono. E molti cedono alle prepotenze. Pagano i debiti e non pagano se stessi. La sai la storia dell'ometto che pesava quarantatre chili e si è lasciato buttare la sabbia in faccia?»

Ho annuito: «La inseriscono in tutti i fumetti per pubblicizzare i corsi di sollevamento pesi e bodybuilding».

«Beh, molti lasciano che i prepotenti tirino loro la sabbia in faccia. Io ho deciso di sfruttare la paura dei prepotenti per rinvigorirmi. Altri si indeboliscono. Obbligare me stesso a pensare come procurarmi più soldi equivale ad andare in palestra per sollevare i pesi. Più esercito i miei muscoli mentali, più divento forte. Adesso non ho più paura di quei bravacci».

Mi piaceva quello che diceva. «Così, se prima pago me stesso, mi rafforzo finanziariamente, a livello sia mentale sia fisico», dicevo.

Lui assentiva con la testa.

«E se mi pago per ultimo, o non mi pago affatto, mi indebolisco. Allora, i capufficio, i manager, gli agenti delle tasse, i creditori e i padroni di casa (cui devo l'affitto) mi sballottano continuamente. Solo perché non ho buone abitudini finanziarie».

Il padre ricco annuiva dicendo: «Proprio come l'ometto che pesa quarantatre chili».

Motivo numero 5. L'arroganza, il cui concetto equivale a egoismo più ignoranza.

«Ciò che so mi frutta denaro, ciò che non so me lo fa perdere. Ogni volta che sono stato arrogante ho perso denaro. Infatti, quando lo sono credo che quanto ignoro non sia importante», mi spiegava spesso il padre ricco.

Mi sono accorto che molti ricorrono all'arroganza per celare la loro ignoranza. Mi accade sovente mentre parlo di questioni finanziarie con commercialisti o altri investitori: cercano di imporsi nelle discussioni, a volte danno in escandescenze pur di avere ragione. Per me, diventa subito evidente che non sanno ciò di cui parlano. Non mentono, ma non dicono nemmeno la verità.

Nel mondo del denaro, della finanza e degli investimenti c'è un sacco di gente che non ha la minima idea di quello che dice.

Nell'industria finanziaria sono molti quelli che blaterano con una parlantina degna di un venditore di auto usate.

Se sapete di non conoscere un certo argomento, cominciate a imparare da un esperto del settore o istruitevi da soli con un libro adatto.

CAPITOLO IX

Come iniziare

Vorrei tanto poter dire che per me è stato semplice arricchirmi, ma non è vero.

Per rispondere alla domanda che mi rivolgono: «Come devo iniziare?» posso solo divulgare il processo mentale a cui mi sottopongo giorno dopo giorno. È davvero facile trovare grandi affari. Ve lo assicuro. Più o meno come andare in bicicletta. Prima si traballa un po', si esita, poi è delizioso come mangiare un pezzo di torta. Tuttavia, trattandosi di denaro, la determinazione che serve per superare le esitazioni è una cosa soggettiva. Per scoprire l'affare da "un milione di dollari" occorre attingere al proprio genio finanziario. Secondo me, ognuno ha questo genio particolare. Il fatto è che spesso giace addormentato, aspetta di essere evocato. È addormentato, perché la nostra cultura ci insegna a credere che l'amore per i soldi sia la fonte di ogni male. Ci incoraggia a imparare una professione così da lavorare per guadagnare, senza insegnarci mai a far sì che il denaro lavori per noi. Ci dice di non preoccuparci del nostro futuro finanziario, tanto ci penseranno la nostra ditta o lo Stato, anche quando saremo in pensione. Invece, saranno i nostri figli, istruiti dallo stesso sistema scolastico, a doverci pagare la pensione. Il messaggio tuttora prevalente nella nostra società è: lavorate duro, guadagnate bene e spendete i soldi. Se li finite, potete sempre prenderli a prestito.

Purtroppo, il 90% delle persone, se non altro nel mondo occidentale, perpetua questo modello semplicemente perché è più facile trovare un posto e lavorare per lo stipendio. Tuttavia, se non fate parte della massa, vi offro dieci consigli, o fasi graduali, per risvegliare il genio finanziario che è in voi. Vi spiego le fasi che ho seguito personalmente. Se vorrete assecondarle anche voi, bene. Altrimenti, inventate quelle che vi sembrano migliori. Il vostro genio finanziario è abbastanza intelligente da capire quali siano le più adatte nel vostro caso.

Mentre mi trovavo in Perù con un esperto cercatore d'oro, gli chiesi come potesse essere tanto sicuro di trovare una miniera aurifera. Disse: «L'oro è dappertutto. Solo che molti non sono addestrati per vederlo».

Concordo in pieno. Per quanto riguarda gli immobili, posso andare a caccia e in una giornata scovarne quattro o cinque che sono grandi affari potenziali, mentre una persona media non ne troverebbe nemmeno uno. Anche se cercassimo nello stesso quartiere. Il motivo è che molti non hanno dedicato tempo a sviluppare il loro genio finanziario.

Ecco le dieci fasi per perfezionare i doni che abbiamo ricevuto dal Signore. Solo voi potete esplicarli.

1. **HO BISOGNO DI UNA MOTIVAZIONE PIÙ FORTE DELLA REALTÀ:** Il potere dello spirito. Chiedete alla gente se vuole essere ricca o libera finanziariamente, vi risponderà di sì. Ma poi prevale la realtà. Sembra che la strada sia troppo lunga, che ci siano troppe montagne da scalare. È più facile lavorare per i soldi e consegnare i risparmi alla banca.

Una volta conobbi una nuotatrice che sognava di partecipare alle Olimpiadi nella squadra statunitense. La realtà è che doveva alzarsi ogni mattina alle quattro e allenarsi tre ore prima di recarsi a scuola. Non poteva far tardi la sera, nemmeno con le amiche il sabato. Inoltre, doveva studiare e prendere voti alti, come tutti gli altri.

Le chiesi cosa la obbligasse a compiere sacrifici sovrumani, quale fosse l'ambizione che la spingeva. Lei mi rispose: «Lo faccio per me stessa e le persone a cui voglio bene. È l'amore a farmi superare gli ostacoli e sopportare i sacrifici».

La motivazione è una combinazione di "desideri" e "avversioni". Quando mi chiedono qual è la mia motivazione ad essere ricco, dico che è una combinazione di desideri e avversioni profondamente emotivi.

Eccone alcuni. Prima le avversioni, perché determinano le aspirazioni. Non voglio lavorare per tutta la vita. Non voglio quello a cui aspiravano i miei genitori, ovvero la sicurezza professionale e una casa in periferia. Non voglio essere un impiegato, cioè un dipendente. Odiavo il fatto che mio padre non riuscisse mai a venirmi a vedere mentre giocavo a baseball perché doveva lavorare e preoccuparsi della sua carriera. Detestavo che mio padre lavorasse tanto per poi vedersi detrarre i soldi dallo Stato, anche in punto di morte. Non ha potuto neppure trasmettere agli eredi quello per cui aveva faticato. I ricchi non lo permettono: lavorano e poi trasferiscono i loro beni ai figli.

Adesso i desideri. Voglio essere libero di viaggiare per il mondo e vivere nel modo che preferisco. Voglio essere giovane mentre lo faccio. Voglio essere semplicemente libero. Voglio avere il controllo sulla mia vita e sul tempo che ho a disposizione. Voglio che il denaro lavori per me.

Queste sono le mie motivazioni più profonde e radicate. Quali sono le vostre? Se non sono abbastanza forti, forse la realtà della strada che state percorrendo è più potente delle vostre ambizioni. Ho perso soldi e subìto battute d'arresto, ma sono state le profonde ragioni emotive cui accennavo a tenermi in sella e permettermi di procedere. Volevo essere libero prima dei quarant'anni: ci sono riuscito solo a quarantasette, facendo parecchie esperienze nel frattempo.

Come già detto, vorrei poter dire che è stato facile. Non è così, ma non è stato nemmeno troppo difficile. Tuttavia, senza forti motivazioni e obiettivi precisi, nella vita tutto è duro.

SE NON AVETE UNA FORTE MOTIVAZIONE, NON HA SENSO CONTINUARE A LEGGERE. VI SEMBRERÀ CHE CI SIA TROPPO LAVORO DA FARE.

2. **IO SCELGO TUTTI I GIORNI:** Il potere delle decisioni. È la ragione principale per cui la gente vuole vivere in un paese libero. Infatti, vogliamo poter scegliere.

Da ragazzino ho avuto il privilegio di giocare spesso a Monopoli. Nessuno mi aveva detto che era un gioco per bambini, sicché mi comportavo da adulto, e mi piaceva. Il padre ricco mi indicava la differenza tra le attività e le passività. Perciò decisi di arricchirmi tanti anni fa, capendo subito che tutto ciò che dovevo fare era dotarmi di attività, di veri cespiti attivi. Mike, il mio miglior amico, aveva ricevuto dei beni ma doveva imparare a conservarli e farli fruttare. Molte famiglie abbienti perdono le loro proprietà di generazione in generazione perché nessuno è abituato ad amministrare quei beni.

Molti decidono di non essere ricchi. Per il 90% della nostra popolazione, esserlo è "troppo fastidioso". Così, si inventano idee come «Non sono interessato ai soldi», «Non sarò mai ricco», «Non devo preoccuparmi adesso, sono ancora giovane», «Quando accumulerò dei soldi, penserò al mio futuro», «A gestire le finanze di casa è mio marito/mia moglie», ecc. Il problema è che queste frasi defraudano la persona che le pensa di due cose: il tempo, che è il nostro bene più prezioso, e l'istruzione. Chi ha poco tempo non dovrebbe prenderlo come scusa per non imparare. La scelta di cosa fare del nostro tempo, del denaro che abbiamo e di ciò che ci mettiamo in testa è una decisione quotidiana. Questo è il potere di decidere. Tutti lo abbiamo. Io ho scelto di arricchirmi e rinnovo la decisione ogni santo giorno dell'anno.

PRIMA DI TUTTO INVESTITE NELL'ISTRUZIONE: In realtà, l'unico bene interamente nostro è la mente individuale, lo strumento più potente che abbiamo. Come ho già detto, ognuno può scegliere cosa inserire nel proprio cervello non appena è abbastanza grande: può guardare MTV tutto il giorno, leggere riviste di golf, andare a corsi di ceramica o a lezioni di investimento finanziario. Spetta a noi decidere. Alcuni investono denaro ancor prima di imparare l'ABC degli investimenti.

La casa di una mia amica, donna molto ricca, è stata di recente visitata dai ladri. Le hanno rubato la televisione e il videoregistratore, lasciandole i suoi libri. La cosa è significativa: il 90% della gente compra televisioni mentre solo il 10% legge libri di economia o ascolta nastri sugli investimenti finanziari.

E io cosa faccio? Frequento i seminari. Mi piacciono quando durano almeno due giorni, perché così ho la possibilità di immergermi totalmente nell'argomento. Nel 1973 stavo guardando la televisione quando apparve un tizio che pubblicizzava un corso di tre giorni sull'acquisto di beni immobili senza anticipo. Spesi 385 dollari per partecipare, ma il corso mi rese come minimo 2 milioni di dollari. Soprattutto, mi ha dato respiro. Grazie a quel corso, non devo lavorare per il resto della vita. Ancora oggi frequento almeno due seminari all'anno.

Inoltre, adoro i nastri e le cassette, soprattutto perché posso tornare indietro e riascoltarli. Per esempio, stavo ascoltando una lezione di Peter Lynch e mi sembrava che avesse detto una cosa per me assurda. Invece di diventare cinico e sprezzante, ho riavvolto il nastro e riascoltato la parte incriminata (cinque minuti) per almeno venti volte, se non di più. All'improvviso, tenendo la mente aperta, ho afferrato perché si era espresso in quel modo. Una magia. Mi sembrava di avere una finestra aperta su una delle menti più illuminate del nostro tempo. Così, ho potuto intuire quanto fossero ampie e profonde le sue risorse educative ed esperienziali.

Risultato: posso ancora pensare con la mia testa, ma so anche come si comporterebbe Lynch in una determinata situazione. Ho due pensieri invece di uno, cioè un modo in più di analizzare un problema, una tendenza. È una cosa impagabile. Oggi dico spesso: «Come farebbe questo Peter Lynch, Donald Trump, Warren Buffett o George Soros?» L'unica maniera che ho per accedere ai loro enormi poteri mentali consiste nell'essere umile, leggere i loro libri, ascoltare quello che dicono. Gli arroganti e i critici sono spesso persone con scarsa autostima, dei fifoni che temono di rischiare. Infatti, per imparare qualcosa di nuovo si è costretti a commettere errori al fine di comprendere bene la lezione.

Se siete arrivati a questo punto del libro, non avete il difetto dell'arroganza. Gli arroganti non leggono quasi mai, né ascoltano cassette. Perché dovrebbero? Sono al centro dell'universo.

Esistono tante persone "intelligenti" che si mettono a litigare, o sulla difensiva, quando una nuova idea cozza contro il loro modo di pensare. In tal caso, la loro cosidetta intelligenza si associa all'arroganza e produce "ignoranza". Tutti conosciamo persone istruite, spesso molto colte, o che credono di esserlo, le quali però dimostrano con il loro Stato patrimoniale di essere degli asini. Un individuo davvero intelligente accoglie le idee nuove, le apprezza perché possono agire sinergicamente con quelle tramandate. L'ascolto è più importante dell'autoespressione. Se non fosse così, il Creatore non ci avrebbe fatto con due orecchie e una sola bocca. Troppi ragionano con la bocca invece di assimilare nuove idee e possibilità. Discutono anziché porre domande e ascoltare.

Per quanto attiene alla ricchezza, io ragiono a lungo termine. Aborro la mentalità dell'arricchimento rapido tipica dei giocatori del lotto o degli scommettitori che frequentano i casinò. Posso vincere o perdere azioni, ma il processo di istruzione è perpetuo. Se volete diventare piloti di aereo, prima vi consiglio di prendere lezioni. Sono sbalordito da chi compra azioni o proprietà immobiliari senza mai investire nella sua attività maggiore, il cervello. Anche se avete comprato una casa o un appezzamento di terreno, non per questo siete degli esperti di immobili.

3. **SCEGLIETE BENE GLI AMICI:** Il potere dell'associazione. Innanzitutto, non scelgo gli amici in base alla loro situazione finanziaria. Ne ho alcuni che hanno fatto voto di povertà e altri che guadagnano milioni ogni anno. Imparo da ciascuno di loro sforzandomi coscientemente di ascoltarli.

Devo comunque ammettere di aver avvicinato alcune persone perché erano danarose. Non che volessi i loro soldi, tentavo di assimilare una parte della loro sapienza. In certi casi siamo diventati buoni compagni, altre volte non li ho più visti.

Tuttavia, vi è un punto che vorrei chiarire. Ho notato che i miei amici facoltosi parlano spesso di soldi. Non se ne vantano, sono davvero interessati all'argomento. Così, imparo da loro, e loro da me. Per contro, agli amici che si trovano in cattive acque finanziarie non piace parlare di soldi, di affari o di investimenti. Pensano che sia volgare o poco intellettuale. Così, imparo anche da loro: capisco quello che non si deve fare.

Conosco persone che nella loro vita hanno accumulato in poco tempo più di un miliardo di dollari. Tre di loro, dei veri amici, mi hanno riferito lo stesso fenomeno, i loro conoscenti squattrinati non li contattano mai per chiedere loro come hanno fatto ad arricchirsi, ma per altre due cose: un prestito, un lavoro.

UN AVVERTIMENTO: Non prestate ascolto a chi è impaurito. Ho anch'io degli amici che lo sono e voglio loro bene davvero, ma sono i "pulcini" della vita. Quando si tratta di soldi, o di investimenti, per loro "il cielo sta sempre cadendo". Trovano invariabilmente la maniera di spiegare perché le cose non possono funzionare. Il fatto è che chi dà retta alle loro spiegazioni, spesso in modo cieco e sconsiderato, è un altro pulcino. Come dice il vecchio proverbio, chi va con lo zoppo impara a zoppicare.

Se guardate il canale televisivo CNBC, che è una vera miniera di informazioni finanziarie, potete ascoltare una schiera di cosidetti "esperti". Un esperto giura che il mercato crollerà, un altro che salirà alle stelle. Se siete accorti, date retta a entrambi. Tenete la mente aperta perché tutti e due hanno motivi validi per le loro idee. Purtroppo, i meno abbienti di solito ascoltano soltanto le previsioni negative.

Ho degli amici intimi che spesso cercano di dissuadermi da un affare o un investimento. Qualche anno fa, uno di loro venne da me trafelato per dirmi che aveva trovato un certificato di deposito che gli rendeva il 6%. Gli dissi che io lucro il 16% sui titoli di Stato. Il giorno dopo mi mandò un articolo in cui si diceva che il mio investimento era pericoloso. Sono anni che spunto un interesse del 16%, mentre lui continua ad accontentarsi del 6.

Mi sembra che una delle cose più difficili per l'accumulo della ricchezza sia l'essere coerenti con se stessi ed evitare di seguire la massa. Sul mercato, la folla è quella che arriva tardi e viene massacrata. Se un affare compare sulle prime pagine dei giornali, è già tardi per attivarsi. Cercate affari nuovi. Come si diceva per i surfisti, c'è sempre un'altra onda in arrivo. Di solito, chi va incontro all'onda in ritardo, ne viene travolto.

Gli investitori intelligenti non pressano il mercato. Se perdono un'ondata, aspettano la successiva e si preparano ad accoglierla. Per molti investitori ciò è difficile perché comprare titoli sconosciuti li spaventa. Gli investitori timidi sono come pecore che seguono il gregge. Oppure si fanno guidare dall'avidità quando i più saggi si sono già accaparrati i profitti e hanno cambiato aria. Chi è saggio compra investimenti quando lo fanno in pochi. Sa di realizzare profitti quando acquista, non quando vende. È paziente, aspetta. Non pretende di fissare il tempo al mercato; come i surfisti, si prepara per la prossima grande ondata.

Tutto è *insider trading*. Ci sono forme illegali e altre legali; l'unica differenza è a quale distanza vi trovate dal centro delle informazioni. L'utilità di avere amici ricchi in possesso di notizie privilegiate dipende dal fatto che loro sono vicini al posto in cui si fanno i soldi. L'informazione è tutto. È necessario sapere quale sarà il prossimo boom, entrarci, o evitare il prossimo crollo. Non dico che dobbiate farlo in modo illegale, ma prima imparate e migliori saranno le possibilità di accaparrare profitti con rischi minimi. Ecco a cosa servono gli amici. E questa è finanza intelligente.

4. **PADRONEGGIATE UNA FORMULA E POI IMPARATENE UNA NUOVA:** Il potere dell'apprendimento rapido. Per fare il pane, ogni fornaio ha una sua ricetta, magari solo memorizzata. Lo stesso dicasi per l'arricchimento personale: ecco perché spesso si definisce "grano" il denaro.

Conoscete certamente il proverbio: «Siamo ciò che mangiamo!» Io l'ho rielaborato e preferisco dire: diventiamo ciò che studiamo. In altri termini, fate attenzione a quello che imparate, perché la mente è tanto potente da farci diventare simili a quello con cui la nutriamo. Per esempio, chi studia da cuoco avrà una mentalità da cuoco. E poi, magari, farà quel mestiere. Se vuole cambiare attività, dovrà studiare qualcosa di diverso. Da maestro, per esempio. Dopo aver studiato pedagogia, diventerà probabilmente un insegnante. E così via. Scegliete con cura il vostro settore di studi.

Per quanto riguarda il denaro, le masse si attengono solitamente alla formula che hanno appreso a scuola, cioè lavorare per guadagnare. La formula che a mio avviso prevale nel mondo è questa: ogni giorno milioni di persone si alzano, vanno a lavorare, ricevono lo stipendio, pagano tasse e bollette, saldano le cambiali, comprano fondi comuni di investimento e tornano al lavoro. Questa è la ricetta.

Se siete stanchi di ciò che fate, o non guadagnate abbastanza, è proprio il caso di cambiare formula.

Quando avevo ventisei anni partecipai a un seminario sull'"acquisto delle garanzie ipotecarie sui beni immobili". Imparai la formula. Il passo seguente era mettere in pratica quanto avevo appreso. A questo punto si fermano in molti. Per tre anni, mentre lavoravo alla Xerox, dedicai il tempo libero a imparare l'arte di gestire l'acquisto delle garanzie ipotecarie. Guadagnai molti dollari usando quella formula, ma oggi è estremamente sfruttata e rende con scadenze troppo lunghe.

Così, andai in cerca di altre strategie. Nei vari seminari non memorizzavo solamente le informazioni più dirette, applicavo anche ciò che apprendevo per via collaterale.

Per esempio, ho frequentato corsi per intermediari commerciali e di negoziazioni di opzioni sulle materie prime. Inoltre ho partecipato a un corso speciale di teoria del Caos: ero fuori del mio campo, a contatto con persone laureate in fisica nucleare o astronautica. Eppure, ho imparato molte cose che rendono più lucrativa la mia attività di investimento in azioni e immobili.

Numerose università offrono diplomi in programmazione finanziaria e investimento tradizionale. Un ottimo posto da cui iniziare.

Adesso cerco costantemente formule di arricchimento più rapido. Ecco perché solitamente realizzo in un giorno molto più di quanto la maggioranza della gente guadagna in una vita intera.

Altra annotazione collaterale. Nell'odierno mondo in costante mutamento, non conta più tanto ciò che si sa, perché l'erudizione personale diventa obsoleta in fretta. Conta la rapidità di apprendimento, che è un'abilità preziosissima perché permette di scoprire formule nuove, ricette per far lievitare il grano... Lavorare duro per guadagnare uno stipendio è una ricetta antiquata, che risale all'età della pietra.

5. **PRIMA DI TUTTO PAGATE VOI STESSI:** Il potere dell'autodisciplina. Se non riuscite a dominarvi, non cercate neppure di diventare ricchi. Magari, prima arruolatevi nell'esercito o unitevi a un ordine monastico, così imparerete a controllarvi. Non ha senso investire, guadagnare e poi bruciare tutto. È la carenza di autodisciplina a far sì che molti vincitori del lotto si riducano sul lastrico in breve tempo. È la mancanza di autodisciplina a indurre chi ottiene un aumento di salario a spendere subito i soldi per comprare un'auto nuova o prenotare una crociera.

Difficile dire quale delle dieci fasi sia la più importante. Ma questa è forse la più ardua da padroneggiare se non siete portati per l'autocontrollo. Mi azzardo a sostenere che il fattore principale che distingue i più abbienti è l'autodisciplina.

In parole semplici, chi ha scarsa autostima e poca capacità di sopportare le pressioni finanziarie non potrà mai, dico mai, arricchirsi. Come già detto, una delle prime lezioni del padre ricco era: «Il mondo ti sballotterà». Il mondo ci sballotta non perché gli altri sono dei prepotenti, ma perché molti (gli sballottati) non sanno disciplinarsi e controllarsi. Chi non è forte interiormente si fa spesso vittimizzare da chi possiede autodisciplina.

Nel mio corso per imprenditori, ripeto ai partecipanti di non concentrarsi sul prodotto, sul servizio o che altro, bensì sulle loro abilità gestionali, di cui le più importanti sono le seguenti.

1. La gestione del *cashflow*.
2. La gestione degli altri.
3. La gestione del proprio tempo.

Queste abilità servono comunque a tutti, non solo agli imprenditori. Infatti, deve usarle ogni individuo, sia in famiglia sia sul lavoro o negli affari, tanto in un'organizzazione di beneficenza quanto nella comunità, cittadina e nazionale.

Tutte e tre le abilità vengono rafforzate dalla capacità di autodisciplina; da ciò potete immaginare quanto prenda sul serio il concetto di "pagare prima se stessi".

Tale concetto è stato per la prima volta elaborato da George Clason nel suo libro *The Richest Man in Babylon*[1], di cui sono state vendute milione di copie. Tuttavia, anche se molti conoscono il consiglio, pochi lo mettono in pratica. Come già rilevato, la preparazione finanziaria ci permette di leggere i numeri, i quali spiegano la storia sottesa. Analizzando il conto Profitti e Perdite e lo Stato patrimoniale di una persona, mi rendo subito conto se chi si riempie la bocca col "pagare prima se stessi" applica veramente questa nozione.

Un disegno vale più di mille parole. Perciò, paragoniamo di nuovo il grafico di chi pensa prima per sé con quello di chi non lo fa.

Pagare prima se stessi

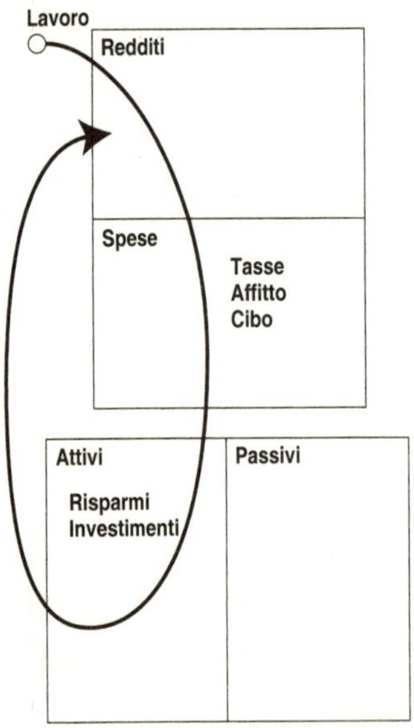

Pagare prima gli altri – Spesso non resta nulla

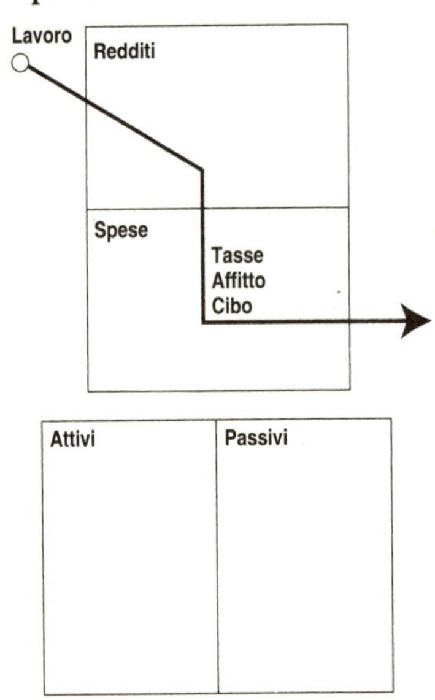

[1] Trad. it. *L'uomo più ricco di Babilonia*, Gribaudi, Milano 1999.

Esaminate i grafici e fate attenzione alle differenze. Si tratta sempre di capire il *cashflow*, che spiega tutto. Molti si limitano ai numeri e non riescono a cogliere il significato della storia. Se cominciate a capire l'importanza del *cashflow*, saprete cosa c'è di sbagliato nel secondo grafico, o perché il 90% della gente lavora per tutta la vita e ha bisogno della previdenza statale, della pensione sociale.

Lo vedete? Il primo grafico riflette le azioni di un individuo che decide prima di tutto di pagare se stesso. Ogni mese aggiunge denaro nella colonna degli attivi prima di saldare le spese mensili. Milioni di persone, anche se hanno letto il libro di Clason e capito l'espressione, in realtà prima pensano a soddisfare gli altri.

Immagino già le sentite proteste di chi crede sinceramente che anzitutto occorra pagare tasse e bollette. Sento le proteste delle persone "responsabili" che le pagano entro la scadenza, caschi il mondo. Non sostengo che si debba essere irresponsabili, evitando di saldare i debiti. Mi limito a ripetere quello che dice Clason: anzitutto, pagate voi stessi. Il primo grafico rispecchia l'azione corretta da eseguire. Il secondo no.

Io e mia moglie conosciamo molti ragionieri, contabili, commercialisti e banchieri che hanno problemi con questo concetto di Clason. Il fatto è che si comportano come la massa, cioè pensano a sé per ultimi. Prima, pagano tutti gli altri.

Nella mia vita, ci sono stati periodi in cui, per vari motivi, il mio *cashflow* era inferiore ai miei debiti. Eppure, prima pagavo me stesso. I miei contabili erano in preda al panico: «Ti tengono d'occhio. L'erario ti farà mettere in galera. Rovinerai il tuo tasso creditore. Ti taglieranno l'elettricità», dicevano. Io pagavo me stesso prima delle bollette.

«Perché?» potreste chiedere. È la storia di cui parla *L'uomo più ricco di Babilonia*: per corroborare l'autodisciplina e la forza interiore. Il coraggio, in altri termini. Come mi ha insegnato il padre ricco nel primo mese che lavoravo per lui, molti consentono che il mondo li sballotti. Passa l'agente del fisco e loro "pagano, altrimenti..." Così, pagano gli altri e dimenticano se stessi. Il commesso dice: «Me lo può pagare con la carta di credito»; l'agente immobiliare dice: «Vai tranquillo, lo Stato ti concede una deduzione fiscale sulla casa». Di questo parla il libro di Clason. Avere il coraggio di andare controcorrente e di arricchirsi. Forse non siete degli inetti, ma quando si tratta di soldi vi tremano le gambe.

Non sostengo l'irresponsabilità. Il motivo per cui non ho grandi debiti sulla carta di credito, specie per gli acquisti inutili, è perché prima pago me stesso. La ragione per cui tengo al minimo il mio reddito dipende dal fatto che non voglio pagare lo Stato. Ecco perché, come sa chi conosce il video *The Secrets of the Rich* (I segreti del ricco), i miei proventi derivano dalla colonna delle attività. Se lavorassi per i soldi, me li requisirebbe lo Stato.

Ancorché paghi le bollette alla fine, sono abbastanza intelligente da non mettermi in una situazione finanziariamente difficile. Non mi piacciono i debiti dei consumatori. Effettivamente, ho passività superiori al 99% della popolazione americana, ma non le pago; me le pagano altri: si chiamano inquilini. Perciò, la prima regola per pagare prima se stessi è "non indebitarsi". Sebbene saldi le bollette alla fine, faccio in modo che siano solo piccole e irrilevanti.

In secondo luogo, se anche dovessi trovarmi in difficoltà finanziarie, prima pago ugualmente me stesso. Lascio che i creditori, e perfino lo Stato, alzino la voce. Mi piace quando il gioco si fa duro. Perché? Perché quegli urlatori mi fanno un favore. Mi motivano a uscire dal guscio e creare altro denaro. Così, soddisfo me stesso, invento i soldi e lascio strillare i creditori. Tanto, di solito li zittisco sempre. A me e mia moglie fanno credito volentieri, chissà perché. Non cediamo alle pressioni, non spendiamo i risparmi o liquidiamo le azioni per saldare i debiti. Non è finanziariamente intelligente.

Quindi, la soluzione è la seguente:

1. Non indebitatevi troppo, al punto da dover pagare subito. Tenete basse le spese. Aumentate gli attivi come prima azione. Poi comprate pure una bella auto o una

bella casa. Farsi intrappolare nella *Corsa del topo* non è intelligente.

2. Se vi ritrovate a corto di soldi, lasciate montare la pressione, ma non attingete a risparmi e investimenti. Usate la pressione per farvi ispirare, per risvegliare il vostro genio finanziario e trovare nuove maniere di accumulare denaro; poi pagate le bollette. Così, avrete migliorato la vostra capacità di far soldi e l'intelligenza finanziaria.

Tante volte sono caduto in acque finanziariamente pericolose e ho usato la testa per creare nuovi proventi e profitti, difendendo coi denti i cespiti nella colonna dei miei attivi. Il mio commercialista strillava affinché coprissi il buco, ma io ero come il buon soldato che difende il forte (delle attività).

I poveri hanno cattive abitudini, la peggiore delle quali consiste nell'"attingere ai risparmi". I ricchi sanno che i risparmi servono solo per creare nuova liquidità, non per pagare le bollette.

So che può sembrare sgradevole ma, come già detto, se non siete duri interiormente, il mondo vi sballotterà sempre.

Se non vi piace essere pressati finanziariamente, trovate una formula che funzioni per voi. Tagliare le spese, mettere i soldi in banca, pagare più della giusta parte di imposta sul reddito, investire in fondi comuni sicuri e fare voto di povertà, come la massa, è un'idea decente, che però viola il principio del "pagare prima se stessi".

Questo principio vieta il sacrificio personale, l'astinenza finanziaria. Significa godersi l'esistenza. Se ricorrete al vostro genio finanziario, potrete avere tutte le benedizioni della vita, arricchirvi e pagare le tasse senza sacrificare il divertimento. Questa è intelligenza finanziaria.

6. **PAGARE BENE I PROPRI AGENTI:** Il potere dei buoni consigli. Spesso vedo la gente che appone un cartello fuori della propria abitazione: "In vendita. Rivolgersi direttamente al proprietario". Oppure vedo in televisione molti che si reclamizzano come "agenti a buon mercato".

Il padre ricco mi ha insegnato a comportarmi in modo opposto. Lui riteneva che bisognasse ricompensare bene i professionisti e io ho adottato la sua politica. Oggi pago parcelle elevate ai miei avvocati, commercialisti, agenti immobiliari e agenti di borsa. Perché? Perché se, e dico se, sono professionisti, i loro servizi mi faranno guadagnare. Così, più guadagnano loro e più guadagno io.

Viviamo nell'Era Informatica: l'informazione è preziosissima. Oltre a istruirvi, un buon agente dovrebbe fornirvi notizie utili. Io ne ho parecchi che mi aiutano. Alcuni, che mi hanno insegnato la materia finanziaria quando avevo pochi soldi, sono ancora oggi con me.

La parcella con cui retribuisco un agente è piccola rispetto alle somme che mi fa guadagnare con le sue informazioni. Sono contento se i miei agenti immobiliari o di cambio si arricchiscono. In tal caso, infatti, significa che ci guadagno molto anch'io.

Inoltre, un buon agente mi fa risparmiare tempo, per esempio come quando ho acquistato un terreno abbandonato per 9.000 dollari rivendendolo subito per più di 25.000, potendomi così comprare una Porsche.

L'agente tiene d'occhio il mercato per me (e ascolta le notizie). Lo frequenta ogni giorno, così che io possa dedicarmi ad altro. Infatti, preferisco giocare a golf.

Chi vende la casa senza ricorrere a un mediatore non valuta probabilmente molto il suo tempo. Perché risparmiare pochi dollari potendo usare il tempo per accumularne molti e spenderli con la persona amata? Trovo strano il fatto che molte persone del ceto medio lascino volontariamente una mancia oscillante tra il 15 e il 20% ai camerieri, anche se sono stati serviti male, ma si lamentano di dover pagare una percentuale dal 3 al 7% agli agenti. A loro piace dare la mancia in conto spese e non darla a chi fa loro aumentare la colonna delle attività. Un marchiano errore finanziario.

Non tutti gli agenti sono uguali. Purtroppo molti sono solo dei venditori, i peggiori dei quali mi sembrano i venditori di immobili. Vendono, ma in proprio non possiedono nessun immobile. C'è un'enorme differenza tra un agente che vende case e uno che vende investimenti. Ciò vale per le azioni, le obbligazioni, i fondi comuni e le assicurazioni (in quest'ultimo caso si fanno chiamare programmatori finanziari). Come nella favola, bisogna baciare parecchi rospi prima di trovare un principe. Ricordate il vecchio detto: «Non chiedete mai a un venditore di enciclopedie se avete bisogno di un'enciclopedia».

Quando parlo con un professionista degli investimenti, cerco di sapere innanzitutto quante proprietà o azioni possieda in proprio e quale aliquota di tasse paghi. Lo faccio anche con i commercialisti e con gli avvocati fiscalisti. Ho una commercialista che sa badare ai suoi affari. La sua professione è la contabilità, ma i suoi affari sono i beni immobili. Avevo un bravo ragioniere che non possedeva proprietà immobiliari. L'ho cambiato perché non avevamo gli stessi gusti finanziari.

Trovate un agente che abbia a cuore i vostri interessi. Molti dedicano parte del proprio tempo a istruire i clienti, per cui possono rivelarsi il vostro miglior investimento. Siate onesti e loro saranno quasi sempre onesti con voi. Se mirate soltanto a ridurre loro le commissioni, perché dovrebbero stare dalla vostra parte? Questa è logica, anche piuttosto semplice.

Come già detto, una delle cose più utili consiste nel saper gestire le persone. Molti sanno gestire solo quelli che considerano intellettualmente inferiori e su cui hanno potere, come i dipendenti di un'azienda. Un gran numero di manager non fa carriera perché sa trattare con i subordinati ma non con chi gli è superiore per grado. La vera abilità sta nel gestire e pagare bene le persone più intelligenti di noi in un certo settore tecnico. Questo è il motivo per cui le grandi imprese hanno un consiglio di amministrazione. Dovreste averlo anche voi. E questa è intelligenza finanziaria.

7. **"SI CHIAMA PIETRO":** Il potere dell'ottenere qualcosa senza dare nulla in cambio. Quando i primi coloni bianchi si insediarono in America furono sorpresi da una pratica molto diffusa tra gli indigeni. Per esempio, se un

> colono aveva freddo, gli indiani gli davano una coperta. Credendola un regalo, il colono si offendeva quando gliela chiedevano indietro.

Anche gli indigeni si arrabbiavano rendendosi conto che i coloni non restituivano nulla. Ecco da dove vengono gli scontri culturali.

Nel mondo finanziario, è vitale fare come gli indiani e pretendere che le cose ci tornino indietro. Un investitore accorto si chiede prima di tutto: «Con che rapidità mi tornerà il denaro?» Inoltre, si chiede cosa può ottenere gratuitamente, cosa che fa parte del gioco. Ecco perché sono tanto importanti le rendite sugli investimenti.

Per esempio, ho scoperto che un piccolo condominio a pochi isolati dal mio quartiere era ipotecato da una banca, la quale voleva 60.000 dollari. Io ne ho offerti 50.000, che loro hanno accettato subito, anche perché avevo messo sotto il naso un assegno circolare di pari ammontare. Così, avevano capito che facevo sul serio. Molti investitori direbbero: ma non hai immobilizzato una grossa somma? Non sarebbe stato meglio chiedere un prestito? Non in quel caso. La mia società finanziaria dà in affitto l'immobile per i mesi invernali, quando i turisti vengono in Arizona, a 2.500 dollari al mese. Negli altri otto mesi fuori stagione si può applicare un affitto di 1.000 dollari mensili. Così, ho recuperato i miei soldi in tre anni. Adesso possiedo il condominio che mi rende contanti tutti i mesi.

Lo stesso dicasi per le azioni. Il mio agente mi chiama spesso per consigliarmi di spostare una certa somma di denaro nelle azioni di una determinata azienda (che a suo avviso farà qualcosa, per esempio un nuovo prodotto, che aggiungerà valore al titolo). Sposto il mio denaro per un periodo da una settimana a un mese, finché le azioni si apprezzano. Poi ritiro i soldi investiti e smetto di preoccuparmi delle fluttuazioni di mercato, perché sono di nuovo pronto a trovare un altro titolo su cui puntare. I miei soldi entrano ed escono, così che mi ritrovo a possedere quasi gratuitamente dei nuovi beni.

Ammetto di aver perso dei soldi in varie occasioni. Ma di solito gioco con quelli che posso permettermi di perdere. Su dieci investimenti colpisco il bersaglio due o tre volte, cinque o sei volte faccio pari, e altre due o tre volte ci perdo. Tuttavia, le perdite sono limitate sempre al denaro che ho disponibile per l'operazione.

Chi ha paura di rischiare mette i soldi in banca e, ovviamente, alla lunga avere risparmi è meglio che non averli. Senonché, ci vuole molto per farseli restituire e non si ottiene nulla gratis. Una volta regalavano qualcosa, ma sono passati quei tempi.

In ogni mio investimento ci dev'essere un aspetto positivo, una tendenza al rialzo, che mi permette di ritrovarmi con qualcosa in più: un condominio, un piccolo magazzino, un terreno libero, una casa, un pacchetto azionario, un palazzo con destinazione uffici. E ci dev'essere un rischio limitato, o un'idea poco rischiosa. Esistono libri incentrati su questo argomento, di cui non voglio occuparmi ora. Ray Kroc, il fondatore della catena McDonald's, vendeva ristoranti in franchising non perché gli piacevano gli hamburger, ma perché voleva accumulare gratuitamente i locali da concedere in franchising.

Quindi, un investitore accorto non deve mirare solo alla rendita, ma anche alle attività gratuite che ottiene dopo esser tornato in possesso del denaro. Questa è intelligenza finanziaria.

8. **GLI ATTIVI COMPRANO GLI SFIZI:** Il potere della concentrazione. Il figlio di un mio amico aveva preso una cattiva abitudine: gli scottava il denaro tra le dita. Non appena compì i sedici anni voleva avere la macchina, naturalmente. La scusa: «Tutti i miei amici se la fanno comprare dai genitori». Così, proponeva di attingere ai risparmi per il primo anticipo al concessionario. Mi telefonò suo padre.

«Pensi che dovremmo lasciarglielo fare, oppure dovrei farlo io stesso e regalargli un'auto come gli altri genitori?»

La mia risposta: «A breve termine potrebbe calmarsi, ma a lungo termine cosa gli insegneresti? Non potresti sfruttare il suo desiderio di possedere un'auto stimolandolo a imparare qualcosa?» Lui capì l'antifona e riattaccò subito.

Due mesi dopo lo incontrai per strada. «Tuo figlio ha preso la macchina?» chiesi.

«No, ma gli ho consegnato 3.000 dollari dicendogli di usare i miei soldi invece dei risparmi accantonati per la sua università».

«È stato generoso da parte tua», dissi.

«Non proprio. Gli ho messo un ostacolo. Mi sembrava giusto seguire il tuo consiglio e fare leva sul suo desiderio di avere un'auto, inducendolo a usare l'energia per imparare qualcosa».

«E qual era l'ostacolo?» gli domandai.

«Ho tirato fuori il tuo gioco, *Cashflow*, ci siamo divertiti un po' e abbiamo avuto un lungo scambio di idee sull'uso più saggio del denaro. Poi gli ho comprato un abbonamento al *Wall Street Journal* e qualche libro che tratta dei mercati azionari».

«E cosa ne hai ottenuto?» esclamai.

«Gli ho detto che poteva considerare suoi i 3.000 dollari, non però per comprare la macchina. Gli ho suggerito di acquistare e vendere azioni, di trovarsi un agente e, una volta che avesse lucrato 6.000 dollari, gli avrei dato la possibilità di comprarla. I 3.000 dollari iniziali sarebbero finiti nel fondo accantonato per la sua università».

«Risultato?» chiesi.

«Beh, ha avuto fortuna con i primi investimenti, ma pochi giorni dopo ha perso tutto il guadagno. Nel frattempo, si era interessato al gioco. Oggi mi sembra che sia sotto di 2.000 dollari, ma il suo interesse continua a crescere. Legge tutti i libri che gli ho comprato e va perfino in biblioteca a prenderne altri in prestito. Divora il *Wall Street Journal*, controlla l'indice dei titoli azionari e guarda CNBC (la televisione economica) invece di MTV (quella musicale). Gli restano solo 1.000 dollari, ma sta apprendendo in fretta. Sa che se perde quei soldi dovrà andare a piedi per altri due anni. Comunque, sembra che non gliene importi niente. Pare quasi aver dimenticato la macchina, perché ha trovato un gioco più divertente».

«Cosa succede se ci rimette tutti i soldi?» ero curioso di sapere.

«Ci penseremo quando saremo a quel punto. Preferisco che perda adesso piuttosto che rischi di perdere tutto quando avrà la nostra età. Inoltre, mi sono accorto che quei 3.000 dollari sono la spesa migliore che abbia fatto per la sua istruzione. Ciò che impara gli servirà per tutta la vita; adesso ha un rispetto particolare per i soldi. Credo che il denaro non gli scotti più tra le dita».

Come detto in un precedente capitolo, se una persona non sa autodisciplinarsi è meglio che non cerchi di arricchirsi. Infatti, sebbene in teoria sia facile sviluppare un *cashflow* dalla colonna degli attivi, più difficile è il possesso della forza mentale per l'uso della moneta. A causa delle tentazioni esterne, in questo mondo consumistico si finisce per eccedere con le spese. Allora si apre una falla e i soldi ci sfuggono di mano senza che ce ne accorgiamo. Di qui la povertà e i guai finanziari.

Mi pregio addurre un esempio di intelligenza finanziaria, in particolare la capacità di usare il denaro per fare altro denaro.

Se all'inizio di un anno dessi 10.000 dollari a 100 persone, sono certo che alla fine dell'anno si avrebbe il seguente risultato.

- L'80% non avrebbe più niente. Anzi, avrebbe dei debiti per l'anticipo versato sulla macchina nuova, il frigorifero, la televisione, il videoregistratore o una vacanza.
- Il 16% avrebbe incrementato la somma del 5-10%.
- Il 4% avrebbe fatto diventare i 10.000 dollari una somma enorme (da 20.000 a milioni di dollari).

Andiamo a scuola per imparare una professione e poter lavorare per ritirare uno stipendio. A mio avviso è più importante imparare a far sì che il denaro lavori per noi.

Anche a me piace il lusso. Il fatto è che molti se lo pagano a credito. È la trappola dell'imitazione dei vicini di casa. Quando volevo comprare una Porsche, sarebbe stato più semplice chiamare il mio banchiere (o il bancario dell'ufficio prestiti) e chiedere un mutuo. Tuttavia, invece di aumentare i passivi, ho preferito concentrarmi sullo sviluppo della colonna degli attivi.

Di solito uso il mio desiderio di consumare per trovare nuove motivazioni, mettendo all'opera il mio genio finanziario e investendo.

Troppi preferiscono prendere soldi a prestito per avere subito le cose anziché pensare a creare soldi. A breve termine sono contenti, ma a lungo termine vanno incontro a difficoltà. Questa cattiva abitudine è purtroppo diventata un difetto nazionale, cioè statale. Ricordate che la strada in discesa diventa più dura, mentre quella in ascesa si appiana con il tempo.

Prima insegnate ai vostri figli a gestire il denaro e meglio sarà. I soldi sono un potere da padroneggiare con buon senso. Invece, molti li usano per farsi del male. Se la vostra intelligenza finanziaria è scarsa, correte il pericolo di andare in rovina. Se il denaro è più intelligente di voi, dovrete lavorare per tutta la vita.

Per padroneggiarlo occorre farsi furbi. In tal caso, lo farete lavorare per voi, a vostro esclusivo vantaggio. Vi obbedirà. Invece di essere voi gli schiavi, lo manipolerete secondo i vostri desideri. Questa è intelligenza finanziaria.

9. **LA NECESSITÀ DEGLI EROI:** Il potere del mito. Quando ero ragazzo, ammiravo Willie Mays, Hank Aaron e Yogi Berra. Erano i miei idoli. Giocavo nel campionato di baseball per giovanissimi e volevo imitarli. Facevo la collezione delle figurine adesive. Volevo sapere tutto su di loro. Conoscevo le statistiche, la media delle battute valide e delle basi conquistate, la loro cifra di ingaggio e gli emolumenti che ricevevano, oltre alla progressione di carriera dalle serie inferiori. Lo facevo perché avrei voluto emularli, diventare come loro.

Verso i nove o dieci anni, ogni volta che toccava a me battere (ricevere o giocare da prima base), non ero io: ero nei panni di Yogi o Hank. Questo è uno dei modi per imparare che, da adulti, dimentichiamo. Non abbiamo più eroi, non siamo più ingenui.

Oggi osservo spesso i ragazzini che giocano a pallacanestro nel campetto del quartiere. Non sono nei loro panni, ma imitano Michael Jordan e gli altri campioni. Copiare le gesta altrui è un modo di apprendimento efficace. Ecco perché quando un eroe del nostro tempo come O.J. Simpson resta invischiato in un brutto affare scoppia uno scandalo enorme.

Non è tanto il processo giudiziario che disturba, quanto la caduta del mito. Alcuni erano cresciuti adorando Simpson, per loro era un vero eroe, un semidio. All'improvviso, dovevano liberarsi da quel condizionamento.

Crescendo, mi sono fatto nuovi eroi. Ammiro giocatori di golf come Peter Jacobsen, Fred Couples e Tiger Woods. Imito le loro oscillazioni e leggo qualsiasi cosa esista sulle partite che fanno. Ma adesso ho altri personaggi da cui traggo ispirazione, specie quelli dell'alta finanza come Peter Lynch, Donald Trump, Warren Buffett, George Soros e Jim Rogers. Se una volta conoscevo le statistiche delle battute valide e dei fuoricampo, oggi conosco le rendite finanziarie di Buffett e leggo il suo punto di vista sugli investimenti in voga. Divoro i libri di Lynch per capire come sceglie le azioni su cui puntare. Inoltre, cerco di sapere come Trump gestisce i suoi affari e trova nuove maniere di combinarli.

Come da piccolo emulavo i giocatori di baseball, così, quando mi attivo sul mercato azionario o tratto un affare, agisco inconsciamente con il coraggio e la spavalderia di un Trump. Se analizzo una tendenza di mercato, ragiono come se fossi Peter Lynch. Ponendo degli eroi su un piedistallo, possiamo attingere a un'inestinguibile fonte di genio puro.

Ma essi non servono solo a motivarci: ci fanno sembrare le cose più semplici. Peraltro, è questo effetto a spingerci a voler essere come loro: «Se loro ce l'hanno fatta, posso farcela anch'io».

Per quanto attiene agli investimenti, troppi ritengono che siano difficili. In compenso, individuate dei personaggi da imitare che ve li facciano sembrare facili.

10. **INSEGNATE E RICEVERETE QUALCOSA IN CAMBIO:** Il potere della generosità. Entrambi i miei padri sono stati insegnanti. Quello ricco mi ha dato una lezione che mi serve per tutta la vita: la necessità di essere generosi e caritatevoli. Quello istruito ha dato tanto come tempo ed erudizione, ma non ha quasi mai fatto beneficenza. Come già detto, diceva sempre che l'avrebbe fatta se avesse avuto denaro extra. Ovviamente, non ce l'aveva mai.

Il padre ricco elargiva denaro e consigli finanziari; credeva fermamente nella beneficenza. «Se vuoi qualcosa, prima devi dare», soleva dire. Quando era a corto di soldi, distribuiva il poco che aveva alla chiesa o a un istituto di assistenza.

Se dovessi tramandarvi una sola idea, vi lascerei questa: ogni volta che avete "bisogno" di qualcosa, date il poco che avete e vedrete che ne sarete ricompensati a bizzeffe. Ciò vale per molte cose: denaro, amore, amicizia, divertimento. So che spesso è l'ultima cosa che si vorrebbe fare, ma per me ha sempre funzionato in senso positivo. Credo nel principio della reciprocità e distribuisco quello che vorrei ottenere in cambio. Se voglio più soldi, elargisco denaro e poi ne ottengo in abbondanza. Se voglio vendere, aiuto altri venditori e poi le vendite mi vengono più facili. Se voglio contatti interpersonali, mi rendo disponibile al contatto e, quasi per magia, amplio la mia cerchia di conoscenze. Anni fa circolava il detto: «Dio non ha bisogno di ricevere, ma gli uomini hanno bisogno di dare».

Il padre ricco ripeteva senza stancarsi: «I poveri sono più avidi dei ricchi», e spiegava che una persona, se è ricca, offre qualcosa che altri vogliono. Nella mia vita, ho visto che, quando avevo pochi soldi e bisogno di aiuto, ho cercato, oppure ho trovato dentro di me, le risorse necessarie decidendo prima di tutto di essere generoso. Di conseguenza, sono sempre stato premiato.

È come la storia dell'uomo che, in una fredda notte d'inverno, teneva in braccio la legna da ardere e pretendeva che la stufa gli restituisse calore: «Quando mi riscalderai ti riempirò di legna», pensava. Per quello che riguarda denaro, amore, felicità, vendite e amicizie, basta ricordare questo: distribuendo ciò che si ha si riceverà in proporzione maggiore. A volte il solo pensare a quello che desidero e al modo in cui darne una parte agli altri genera un torrente di abbondanza. Quando vedo che ci sono individui poco disposti a sorridermi, sorrido per primo e li saluto e, come per magia, vedo attorno a me persone più sorridenti. È proprio vero che il mondo è uno specchio dei nostri atteggiamenti.

Ecco perché affermo: «Insegnate e apprenderete». Ho scoperto che quanto più sinceramente mi spendo per quelli che vogliono imparare, tanto più imparo a mia volta. Se volete saperne di più sui soldi, divulgate le vostre esperienze finanziarie. Ne sarete ricompensati con una caterva di idee, notizie e distinzioni economiche più sottili.

Altre volte, pur essendo generoso, non ho ricevuto niente in cambio, oppure ho avuto cose sgradite e inutili. Tuttavia, analizzando meglio e mettendomi in discussione, mi sono accorto che in quelle occasioni avevo dato con un secondo fine, invece di dare per il gusto della generosità.

Mio padre insegnava ai docenti ed è diventato Provveditore agli studi. Il padre ricco ha sempre insegnato ai giovani il suo modo di condurre gli affari. Retrospettivamente, ritengo che sia stata la disponibilità a rivelare ciò che sapevano ad affinare la loro intelligenza. Al mondo sono all'opera forze più potenti e astute di noi. Potete anche arrivare da soli, ma con l'aiuto di tali forze sarà più facile. Basta che siate generosi di ciò che possedete e quelle forze saranno generose con voi.

CAPITOLO X

Non vi basta ancora? Ecco altri consigli pratici

Forse molti non saranno soddisfatti delle dieci fasi che ho menzionato nel capitolo precedente. C'è chi le ritiene più approcci filosofici che azioni concrete, ma io credo che capire la filosofia sottesa sia altrettanto importante del necessario attivismo. Alcuni vorrebbero fare anziché riflettere, altri ancora meditano ma non incidono mai sulla realtà. Io ritengo di essere a metà strada: adoro le idee innovative e mi piace attivarmi.

Perciò, a favore di chi desidera altri consigli pratici su come avviare la macchina finanziaria, divulgherò brevemente altre attività pratiche a cui mi applico con dedizione.

- Smettete di fare ciò che fate. In altre parole, concedetevi una pausa per capire quello che funziona o non funziona. La vera pazzia è continuare a eseguire le stesse cose aspettandosi risultati diversi. Cessate di compiere errori e trovate qualcos'altro in cui impegnarvi.
- Cercate idee nuove. In relazione agli investimenti, attingo le idee innovative dai libri su argomenti specifici che non conosco. Cerco una formula valida. Acquisto manuali su questioni di cui sono a digiuno, per esempio *The 16 Percent Solution* di Joel Moskowitz.

ATTIVARSI! Il martedì seguente ho applicato esattamente i consigli del libro, punto dopo punto. Ho ripetuto la formula scovando veri affari immobiliari offerti da banche e avvocati. Molti non agiscono mai, oppure si lasciano convincere a non applicare quello che sono venuti a sapere, anche per via letteraria. Un mio vicino di casa voleva spiegarmi perché il 16% non funzionava. Non l'ho ascoltato, naturalmente, soprattutto perché non si era mai misurato con la realtà.

- Trovate qualcuno che si sia già cimentato in ciò che volete fare. Invitatelo a pranzo. Chiedetegli dei consigli, magari solo i trucchetti del mestiere. Per quanto concerne i certificati esentasse al 16%, mi sono recato all'ufficio erariale provinciale e ho chiesto dell'impiegata addetta alla questione. Ho scoperto che anche lei investiva in quei certificati. L'ho invitata subito a pranzo. Era contentissima di spifferarmi tutto quello che faceva. Nel pomeriggio, mi ha mostrato come si muoveva a livello pratico. Il giorno dopo, con il suo aiuto ho scoperto due proprietà che mi rendono tuttora un interesse del 16%. Mi ci è voluto un giorno per leggere il libro, un giorno per attivarmi, un'ora per il pranzo e un'altra giornata per assicurarmi due veri affari.
- Iscrivetevi a corsi e seminari; comprate strumenti audiovisivi. Io scorro sul giornale gli annunci di nuovi e interessanti corsi finanziari. Molti sono sotto forma di conferenze gratuite. Inoltre, frequento costosi seminari che ritengo possano colmare le mie lacune. Sono ricco e libero da un impiego fisso proprio grazie ai corsi che frequento. Certi miei amici, i quali anni fa mi avevano detto che sprecavo soldi nell'istruzione perpetua, sono ancora legati alla stessa scrivania.
- Fate più offerte possibili. Quando voglio comprare un immobile, do un'occhiata alle proprietà disponibili e scrivo un'offerta. Se non sapete quale possa essere quella "giusta", lo stesso vale per me. Questo è compito degli agenti immobiliari. Loro fanno offerte; io lavoro il meno possibile.

Una mia amica voleva che le mostrassi come comprare appartamenti. Così, un sabato io, lei e il suo agente siamo andati a vederne sei. Quattro erano orribili, ma due ottimi. Le ho detto di presentare un'offerta per tutti e sei, alla metà del prezzo che chiedevano i proprietari. La mia amica e l'agente per poco non svenivano. Pensavano fosse sgarbato, che i venditori potessero offendersi (ma sospetto che fosse l'agente a non volersi impegnare). Così, non se n'è fatto nulla preferendo attendere un affare migliore.

Nessuno ha avanzato offerte e la mia amica aspetta ancora l'affare "giusto" al prezzo conveniente. Il problema, però, è che non si sa qual è il prezzo giusto finché non si trova la controparte disposta a stringere l'accordo. La maggioranza dei venditori chiede troppo. È raro che un proprietario domandi un prezzo inferiore al valore reale dell'immobile.

Morale della storia: formulate un'offerta. Chi non investe non ha idea di cosa voglia dire cercare di vendere. C'era un terreno di cui volevo disfarmi da mesi, avrei accettato tutto, anche un prezzo stracciato. Mi avessero offerto dieci maialini, sarei stato felice. Non per l'offerta, ma perché qualcuno si era interessato. Avrei ribattuto e magari chiesto in cambio una porcilaia. Ma è così che funziona il gioco della compravendita. A me piace molto. Tenetelo in mente: è divertente e solo un gioco. Fate delle offerte, qualcuno dirà di sì.

Io formulo sempre offerte soggette a una clausola-scappatoia. Quando tratto immobili, in calce appongo la clausola "che rimette tutto all'approvazione del mio socio". Non specifico mai chi sia questa fantomatica persona. Nessuno sa che è un gatto. Se accettano l'offerta, ma poi mi pento e non voglio concludere più l'affare, telefono a casa e parlo con il gatto. Mi sono dilungato con questo esempio assurdo per dimostrarvi quanto sia facile e divertente il gioco. Troppi rendono le cose difficili e le prendono con eccessiva serietà.

Trovare l'affare buono, il lavoro giusto, le persone giuste, gli investitori adatti, o che altro, è come dare l'appuntamento alla ragazza giusta. Bisogna mettersi sul mercato e parlare con un sacco di gente, fare un gran numero di proposte e controproposte, negoziare, respingere e accettare. Conosco persone non sposate che si barricano in casa aspettando la telefonata risolutiva; però, a meno che non siano Cindy Crawford o Tom Cruise, credo sia meglio che si facciano vedere in giro, magari al supermercato di zona. Cercare, offrire, snobbare, trattare e cedere sono fasi di un processo che vale per ogni attività della vita umana.

- Camminate, correte o passate in auto in un certo quartiere per una decina di minuti. Io ho scoperto i miei migliori investimenti immobiliari mentre facevo *jogging*. A volte batto le strade di una stessa zona per un anno. Sto all'erta per vedere se si verificano dei cambiamenti. Un contratto potenzialmente lucrativo ha bisogno di due elementi: l'affare e il cambiamento. Ci sono molti affari, ma l'occasione diventa tangibile solo allorché si verifica una variazione. Così, quando faccio *jogging*, mi dirigo nel quartiere ove vorrei investire. La frequenza ripetuta mi permette di notare le piccole differenze che intercorrono tra le mie visite. A volte ci sono cartelli di vendita che restano affissi a lungo; ciò può voler dire che il venditore sarà più malleabile nella trattativa. Inoltre, osservo i movimento dei camion delle ditte di trasloco; mi fermo e attacco bottone con gli autisti. Parlo con i corrieri postali: è straordinaria la mole di informazioni che accumulano su una certa zona.

Altre volte mi fermo in zone da cui la gente scappa, spesso perché terrorizzata dai media. Allora, le tengo d'occhio, anche per un anno, in attesa di segni indicatori di un cambiamento positivo. Chiacchiero con i negozianti, specie se si sono insediati da poco, e scopro perché si sono trasferiti. Bastano pochi minuti al mese e, di solito, lo faccio mentre sono impegnato in altre attività, come gli esercizi fisici o l'acquisto di generi alimentari.

- Per quanto riguarda le azioni, mi piace *Beating the Street*, l'opera in cui Peter Lynch spiega la sua formula per scegliere quelle che sono destinate al rialzo. Comunque, mi sono reso conto che i princìpi sottesi all'apprezzamento di un titolo sono gli stessi che valgono per terreni, case, obbligazioni, fondi comuni, nuove aziende, nuovi animali domestici, nuovi mariti/mogli, o il detersivo per la biancheria.

Il processo è immutato: occorre sapere ciò che si cerca e poi attivarsi per ottenerlo!

- Perché i consumatori saranno sempre poveri. Quando il supermercato offre in saldo la carta igienica, per esempio, il consumatore accorre e ne fa incetta. Quando il mercato azionario scende (si dice anche che crolla o ha una correzione), il consumatore scappa via. Se il supermercato alza i prezzi, il consumatore fa la spesa da un'altra parte. Se il mercato azionario sale, il consumatore inizia a comprare.

- Cercate nei posti giusti. Un mio conoscente ha comprato un condominio per 100.000 dollari; io ho comprato quello di fianco al suo, identico, per 50.000. Lui mi dice che aspetta che salgano i prezzi. Io gli ho detto che si lucra il profitto quando si acquista, non quando si vende. Lui si è fatto aiutare nell'operazione d'acquisto da un'agente che non ha beni immobiliari di sua proprietà. Io ho comprato dall'ufficio immobiliare di una banca (che stava rivendicando la proprietà dell'immobile). Inoltre, avevo speso 500 dollari per seguire un corso dove spiegavano come agire in tali circostanze. Il mio conoscente riteneva che i 500 dollari per il corso fossero una spesa eccessiva. Diceva che non poteva permettersela e che non aveva tempo. Aspetta ancora che salga il prezzo.

- Prima cerco persone che vogliono vendere, poi qualcuno che voglia comprare. Un mio amico cercava un determinato appezzamento di terreno, aveva i soldi ma non il tempo. Ho trovato un podere più grande di quello che voleva lui, l'ho bloccato con un'opzione e ho avvisato il mio amico, che ne avrebbe preso una parte. Gliel'ho venduta e poi ho acquistato l'intero terreno, tenendo gratuitamente per me ciò che restava. Morale della storia: comprate tutta la torta e dividetela in varie parti. Molti cercano ciò che possono permettersi, ma così restringono le possibilità. Comprano solo un parte della torta e finiscono per pagare molto per poco. Chi pensa in piccolo non coglie le grandi occasioni. Se volete arricchirvi, pensate in grande!

Ai dettaglianti piace concedere sconti su grandi quantità di merci semplicemente perché vogliono che la gente spenda molto. Perciò, anche se si è piccoli, è sempre possibile pensare in grande. Quando la mia azienda era sul mercato dei computer, ho telefonato a vari amici chiedendo se ne volessero comprare. Poi sono andato da diversi rivenditori e ho concluso un ottimo affare perché potevo acquistare in quantità. Lo stesso ho fatto con le azioni. Chi pensa in piccolo resta piccolo; agite da soli, o non fate nulla!

- Imparate dalla storia. Tutte le maggiori società quotate in borsa erano inizialmente piccole aziende. Il colonnello Sanders si è arricchito dopo aver perso tutto verso i sessant'anni; Bill Gates era uno degli uomini più ricchi del mondo ben prima dei trenta.
- L'azione batte sempre l'inattività.

Queste sono alcune cose che ho fatto e continuo a fare per riconoscere e cogliere le opportunità esistenti. I concetti importanti sono: "fatto", "da fare". Come ho ripetuto spesso nei diversi capitoli, bisogna attivarsi prima di poter ricevere una ricompensa finanziaria. Agite ora!

EPILOGO

Come provvedere all'università dei figli con soli 7.000 dollari

Prima di dare alle stampe questo volume vorrei aggiungere una nota finale molto importante.

Il motivo per cui l'ho scritto va cercato nell'uso dell'intelligenza finanziaria per risolvere i problemi della vita quotidiana, che tutti hanno. Senza istruzione economica, ci riduciamo spesso ad applicare le formule apprese inconsciamente: lavorare duro, risparmiare, prendere soldi a prestito e pagare troppe tasse. Oggi abbiamo bisogno di saperne di più, e meglio.

Ho una storia da raccontare come esempio finale di un problema finanziario che molti genitori devono affrontare. Come garantire una buona istruzione ai figli e pensare allo stesso tempo alla propria pensione? Un'altra occasione per usare l'intelligenza finanziaria invece di lavorare come degli schiavi.

Un giorno, un mio amico si lamentava di quanto fosse difficile risparmiare soldi per il futuro universitario dei suoi quattro figli. Ogni mese investiva 300 dollari in un fondo comune e aveva ormai accumulato quasi 12.000 dollari. Stimava che in totale ne servissero 400.000. Gli restavano dodici anni per farlo, dato che il figlio maggiore ne aveva sei.

Eravamo nel 1991, a Phoenix il mercato immobiliare era in ribasso. La gente svendeva le case.

Suggerì al mio ex compagno di scuola di comprarne una con una parte dei soldi già investiti. L'idea lo intrigava, sicché abbiamo cominciato a discuterne. La sua preoccupazione principale era che la banca non gli avrebbe fatto credito per l'acquisto di una nuova casa perché era già troppo esposto. Lo rassicurai dicendogli che esistevano altri modi di finanziare un immobile.

Per due settimane abbiamo cercato una casa con le caratteristiche giuste. La scelta era ampia, per cui ci siamo anche divertiti. Alla fine, ne abbiamo trovata una con tre stanze e due bagni in un quartiere eccellente . Il proprietario era stato licenziato dalla sua azienda, aveva bisogno di vendere subito perché lo aspettava un altro posto in California.

Voleva 102.000 dollari, noi ne offrivamo solo 79.000. Accettò subito. La casa era ipotecata con un mutuo estensibile: vuol dire che poteva comprarla anche un disoccupato, senza l'approvazione della banca. Il proprietario aveva ancora un debito di 72.000 dollari, perciò il mio amico dovette sborsarne solo 7.000, la differenza tra i due prezzi. Non appena completato il trasloco del proprietario, il mio amico la diede in affitto. Dedotte le spese, mutuo compreso, ogni mese si metteva in tasca 125 dollari.

Il piano prevedeva di tenere la casa per dodici anni, accelerando il rimborso del mutuo con i 125 dollari da defalcare tutti i mesi dal capitale. Così, si sarebbe estinto in gran parte il mutuo, dopo di che ci sarebbero stati 800 dollari al mese da accantonare per l'università del primo figlio. Inoltre, se si fosse rivalutata, avremmo venduto la casa.

Nel 1994 il mercato immobiliare di Phoenix prosperava e il mio amico ricevette un'offerta di 156.000 dollari dall'inquilino della casa, che si trovava tanto bene da volerla comprare. Mi chiese cosa ne pensassi e naturalmente gli dissi di vendere sulla base del differimento fiscale 1031.

All'improvviso si ritrovava con 80.000 dollari da gestire. Telefonai a un altro amico, che viveva a Austin (Texas), dicendogli di investire questo denaro temporaneamente esentasse in un piccolo magazzino. Nell'arco di tre mesi il primo amico riceveva assegni per un migliaio di dollari al mese da versare sui fondi comuni accantonati per l'università dei figli. Nel 1996 rivedette il magazzino per un assegno da 330.000 dollari, da versare in un nuovo fondo che rendeva 3.000 dollari al mese (sempre per i figli). Il mio amico è ormai sicuro di poter raggiungere i 400.000 dollari che si era prefisso inizialmente: sono bastati 7.000 dollari con cui attivarsi e un po' di intelligenza finanziaria. I suoi figli potranno ricevere l'istruzione che preferiscono e lui potrà usare i proventi della sua impresa individuale per pensare alla sua pensione. Così, sarà in grado di lasciare il lavoro ancora relativamente giovane.

Grazie per aver letto questo libro. Spero che vi abbiate trovato delle intuizioni per usare il potere del denaro a vostro vantaggio. Oggi abbiamo bisogno di intelligenza finanziaria per sopravvivere. La nozione che per fare i soldi ci vogliono i soldi è tipica di chi non è finanziariamente istruito. Questo non vuol dire che sia stupido, solo che deve studiare l'economia monetaria.

Il denaro è solo un'idea: se volete accumularne, dovete cambiare mentalità. Ogni persona che si è fatta da sé ha iniziato con poco, con una piccola idea, trasformandola in qualcosa di grande. Lo stesso vale per gli investimenti. Bastano pochi dollari per cominciare e allargarsi progressivamente. Incontro tanti individui che sprecano la vita in attesa del grande colpo, oppure accumulano soldi per entrare in un grande giro, ma per me è sciocco. Troppo spesso ho visto investitori ingenui mettere tutto ciò che avevano in un certo affare che, svanendo rapidamente, li ha lasciati a secco. Forse erano ottimi lavoratori, ma non investitori intelligenti.

L'istruzione e la saggezza finanziaria sono molto importanti. Cominciate presto, comprate libri, frequentate corsi, fate pratica. Io ho trasformato 5.000 dollari in contanti in un milione di dollari di attività che hanno prodotto in sei anni un flusso di cassa mensile di 5.000 dollari. Ma ho iniziato presto, quando ero ancora un ragazzino. Vi incoraggio a imparare, perché non è difficile. In realtà, è molto facile una volta compreso il trucco.

Credo di aver reso comprensibile il mio messaggio. Ciò che avete in mano dipende da ciò che coltivate mentalmente. Il denaro è solo un'idea. C'è un meraviglioso libro intitolato *Pensa e arricchisci te stesso*[1], non si chiama "Lavora duro e arricchisci te stesso". Imparate a far lavorare il denaro a vostro vantaggio e la vita vi sorriderà. Da oggi non giocate più sul sicuro, giocate in modo intelligente.

Attivatevi!

Tutti abbiamo ricevuto due grandi doni: la mente e il tempo. Spetta a noi usarli nel modo preferito; ogni banconota che cade nelle nostre mani ci conferisce il potere di determinare il nostro destino. Spendetela in modo dissennato e avrete scelto di essere poveri. Spendetela per comprare passivi e vi unirete al ceto medio. Investitela dopo aver riflettuto bene, imparando ad acquisire attivi, e avrete scelto la ricchezza, attuale o futura. La scelta è solo di vostra competenza. Ogni dollaro investito quotidianamente decide della nostra ricchezza, povertà o appartenenza alla classe media.

Scegliendo di tramandare questa conoscenza ai vostri figli, li preparate al mondo che li aspetta. Nessun altro lo farà.

L'avvenire vostro e dei vostri figli sarà deciso dalle opzioni che cogliete oggi, non domani.

Un augurio di opulenza e felicità per il meraviglioso dono che è la vita.

Robert Kiyosaki
Sharon Lechter

[1] Napoleon Hill, *Pensa e arricchisci te stesso*, Gribaudi, Milano 2003.

RINGRAZIAMENTI

Come si fa a dire "grazie" quando ci sono numerosissime persone verso cui si è riconoscenti? Naturalmente, il primo ringraziamento va ai miei due padri, che sono stati modelli esemplari, e alla mia mamma, che mi ha insegnato l'amore e la gentilezza.

Tuttavia, tra le persone direttamente responsabili per l'effettiva stesura di questo volume non posso dimenticare mia moglie Kim, che è il completamento della mia vita. Lei è come un socio: nel matrimonio, negli affari e in tutta l'esistenza. Senza di lei, sarei perso. Un grazie quindi anche ai suoi genitori, Winnie e Bill Meyer, per aver cresciuto una persona tanto preziosa. Ringrazio Sharon Lechter per aver raccolto il materiale dal mio computer e averlo organizzato ottimamente. Grazie a Mike, il marito di Sharon, esimio avvocato civile, e ai loro figli, Philip, Shelly e Rick, per la loro collaborazione. Estendo il mio ringraziamento a Keith Cunningham per la saggezza e l'ispirazione finanziaria; a Larry e Lisa Clark per il dono dell'amicizia e dell'incoraggiamento; a Rolf Parta per la genialità tecnica; ad Anne Nevin, Bobbi DePorter e Joe Chapon per gli utili ed eruditi suggerimenti; a DC e John Harrison, Jannie Tay, Sandy Khoo, Richard e Veronica Tan, Peter Johnston e Suzi Dafnis, Jacqueline Seow, Nyhl Henson, Michael e Monette Hamlin, Edwin e Camilla Khoo, K.C. See e Jessica See, per il sostegno professionale; a Kevin e Sara della InSync per la realizzazione grafica; a John e Shari Burley, Bill e Cindy Shopoff, Van Tharp, Diane Kennedy, C.W. Allen, Marilu Deignan, Kim Arries e Tom Weisenborn per l'intelligenza economica. A Sam Georges, Anthony Robbins, Enid Vien, Lawrence e Jayne Taylor-West, Alan Wright e Zig Ziglar per la chiarezza mentale; a J.W. Wilson, Marty Weber, Randy Craft, Don Mueller, Brad Walker, Blair e Eileen Singer, Wayne e Lynn Morgan, Mimi Brennan, Jerome Summers, Peter Powers, Will Hepburn, Enrique Teuscher, Robert Marin, Betty Oyster, Julie Belden, Jamie Danforth, Cherie Clark, Rick Merica, Joia Jitahide, Jeff Bassett, Tom Burns e Bill Galvin per la loro grande amicizia e il sostegno dato al progetto; al Center Managers e alle decine di migliaia di laureati della Money and You (Business School for Entrepreneurs); a Frank Crerie, Clint Miller, Thomas Allen e Norman Long per la loro cooperazione imprenditoriale.

GLI AUTORI
Robert T. Kiyosaki

«Il motivo principale per cui molti hanno problemi finanziari è che in tutti gli anni di scuola non hanno imparato nulla sul denaro. Anzi, hanno appreso a lavorare per i soldi... senza capire come usarli affinché fruttino a loro vantaggio», sostiene Robert.

Nato e cresciuto alle Hawaii, è un nippo-americano di quarta generazione. Proviene da una famiglia di noti insegnanti e pedagoghi. Suo padre era Provveditore agli studi nello Stato delle Hawaii. Dopo le superiori, Robert ha frequentato l'università a New York; si è laureato e poi arruolato nei Marines per andare in Vietnam come ufficiale e pilota di elicottero-mitragliatore. Tornato dalla guerra, ha intrapreso la carriera commerciale. Nel 1977 ha fondato un'azienda che ha prodotto e messo sul mercato i primi portafogli in nylon e velcro, poi diventati un affare multimilionario internazionale. Lui e i suoi prodotti sono stati argomento degli articoli su riviste come *Runner's World, Gentleman's Quarterly, Success Magazine, Newsweek* e perfino *Playboy.*

Lasciata l'industria, nel 1985 Robert è stato il co-fondatore di una società di formazione che insegna tecniche di vendita e investimento a decine di migliaia di laureati in sette paesi.

All'età di quarantasette anni si è ritirato dal lavoro. Adesso si diverte a fare la cosa che preferisce: investire... Preoccupato dal crescente divario tra ricchi e poveri, ha inventato *Cashflow*, che insegna il "gioco" del denaro, finora conosciuto solo dalle persone facoltose.

Benché la sua attività sia concentrata sugli immobili e sulla compravendita di azioni di piccole società, la sua vera passione è l'insegnamento. Robert ha tenuto e tiene conferenze motivazionali con speaker del livello di Og Mandino, Zig Ziglar e Anthony Robbins. Il suo messaggio è chiaro: «Ognuno deve assumersi la responsabilità delle proprie finanze, altrimenti sarà costretto a prendere ordini per tutta la vita. O si è padroni del denaro o se ne è schiavi». I suoi corsi possono durare un'ora o tre giorni, ma includono sempre lezioni incentrate sulla divulgazione del segreto dei ricchi. L'argomento è vario: come investire rischiando poco e lucrando grandi interessi; come insegnare ai figli a gestire il denaro; come fondare aziende e rivenderle; tuttavia, il suo messaggio è unico, concreto e chiaro: risvegliare il genio finanziario che giace in noi. Esso non aspetta altro che agire a nostro beneficio.

Ecco come il celebre autore e oratore Anthony Robbins si esprime sul lavoro di Robert: «L'opera educativa di Kiyosaki è profonda ed efficace, veramente in grado di cambiarvi la vita. La suggerisco con tutto il cuore e rendo omaggio ai suoi sforzi».

In quest'epoca di grandi cambiamenti economici, il messaggio di Robert è preziosissimo.

Sharon L. Lechter

Moglie e madre di tre figli, commercialista, consulente di industrie editoriali ed educative, nonché imprenditrice, Sharon ha dedicato la sua carriera al settore educativo.

Si è laureata in Economia e commercio, con lode, alla Florida State University. È stata subito assunta da una delle otto più importanti società di revisione dei conti, poi è diventata direttrice di una società specializzata in piani di risanamento finanziario per aziende produttrici di computer, ha lavorato come fiscalista per una compagnia assicurativa di livello nazionale ed è stata la fondatrice della prima rivista femminile del Wisconsin, proseguendo nel contempo l'attività di ragioniera e commercialista iscritta all'albo professionale.

La sua professione ha avuto una svolta pedagogica decisa vedendo crescere i suoi figli: preferivano guardare la televisione e, per lei, era una vera fatica convincerli a leggere. Così, ha avuto la brillante idea di associarsi all'inventore del primo libro "elettronico", un utilissimo strumento audiovisivo, aiutandolo a diffonderlo in un mercato dove si possono produrre guadagni di svariati milioni di dollari. Oggi, Sharon continua a sviluppare nuove tecnologie per riportare i libri al centro della vita dei ragazzi.

Con il passare del tempo si è sempre più interessata all'istruzione in senso ampio, impegnandosi attivamente nei settori della matematica, dei computer e dell'alfabetizzazione primaria.

«Il nostro attuale sistema scolastico non è in grado di tenere il passo con i mutamenti tecnologici in atto nel mondo. Dobbiamo insegnare ai giovani le abilità sia accademiche sia finanziarie, di cui avranno bisogno non solo per sopravvivere ma anche per prosperare nel mondo di domani».

Come coautrice di *Padre ricco padre povero* e *I Quadranti del Cashflow*, Sharon ha contribuito a creare strumenti educativi essenziali per chiunque voglia migliorare la propria cultura e posizione finanziaria.

Cashflow Technologies, Inc.

Robert Kiyosaki, Kim Kiyosaki e Sharon Lechter hanno unito i loro sforzi fondando la *Cashflow Technologies, Inc.* per la produzione di innovativi strumenti di istruzione finanziaria.

Il motto aziendale è: «Per elevare il benessere finanziario dell'umanità».

INDICE